心一堂術數古籍珍本叢刊

書名：蔣大鴻嫡傳水龍經注解 附 虛白廬藏珍本水龍經四種（二）

系列：心一堂術數古籍珍本叢刊 第二輯 堪輿類 蔣徒張仲馨三元真傳系列 188

作者：【清】蔣大鴻編訂【清】楊臥雲、汪云吾、劉樂山註

主編、責任編輯：陳劍聰

心一堂術數古籍珍本叢刊編校小組：陳劍聰 素聞 梁松盛 鄒偉才 虛白廬主

出版：心一堂有限公司

地址／門市：香港九龍旺角西洋菜南街五號好望角大廈一〇〇三室

電話號碼：+852-6715-0840 +852-6633-7949

網址：sunyata.cc

電郵：sunyatabook@gmail.com

網上書店：http://book.sunyata.cc

網上論壇：http://bbs.sunyata.cc/

publish.sunyata.cc

版次：二零一七年七月初版

平裝：十冊不分售

定價：港幣 二千八百元正

新台幣 一萬零八百元正

國際書號：ISBN 978-988-8317-46-2

香港及海外發行：香港聯合書刊物流有限公司

地址：香港新界大埔汀麗路三十六號中華商務印刷大廈三樓

電話號碼：+852-2150-2100

傳真號碼：+852-2407-3062

電郵：info@suplogistics.com.hk

台灣發行：秀威資訊科技股份有限公司

地址：台灣台北市內湖區瑞光路七十六巷六十五號一樓

電話號碼：+886-2-2796-3638

傳真號碼：+886-2-2796-1377

網絡書店：www.bodbooks.com.tw

台灣讀者服務中心：國家書店

地址：台灣台北市中山區松江路二〇九號一樓

電話號碼：+886-2-2518-0207

傳真號碼：+886-2-2518-0778

網絡書店：http://www.govbooks.com.tw/

中國大陸發行・零售：心一堂書店

深圳地址：中國深圳羅湖立新路六號東門博雅負一層零零八號

電話號碼：+86-755-8222-4934

北京地址：中國北京東城區雍和宮大街四十號

心一店淘寶網：http://sunyatacc.taobao.com

序

古本水龍經不著作者姓氏勝國華亭蔣平階先生所輯自序云

因無刊本間有字句之訛用加較讐詮次成書編爲五卷則即以

爲蔣氏之書可也余所見刊本惟吾鄉陳君寄礑澤古齋叢書曾

載此編而缺其第三卷此外完善成本問諸搜藏家亦未之見蓋

是書之韜晦于世久矣余惟葵爲飾終大事仁人孝子不忍舉其

親而委之於壑於是延名師訪益友尋山問水累月經年求得吉

壤以安宅兆蓋亦甚苦心非盡爲俗流邀福計也而今

不得已之苦心非盡爲俗流邀福計也而今

之堪輿家妄用師心動稱秘術得一地莫不謂富貴如操券及葬

而禍不旋踵此豈造物之故秘神奇以為智小謀大者戒歟抑亦

堪輿家之自專自用不深究山川形勢氣脈妄斷吉凶之所致也

吾邑前輩春江賈先生及令子雲階明經世其術余以通家誼得

與明經遊間叩其平陽相度之法則曰不知地理盡觀地圖遂出

所藏水龍經示余并謂余曰此書係先君手鈔全帙校勘精詳試

驗古名大家墳百無一失在業是術者唾棄不道而不知好學深

思心知其意則於形勢氣脈瞭然萬不至為江湖術士所惑

此亦與為人子者不可不知醫同一理也子能梓之以壽世乎余

感其誠為付剞劂氏工既竣爰誌厓畧如此云

咸豐五年乙卯仲秋月上海叔彝王慶勳識于魏塘舟次

序

天有天文文章地有地理理條亘古及今日月經天文無異

文江河絡地理無異理若以八卦九宮三合三元為理則理而蕪

數有體用之不同焉大禹治水奠定懷襄而孟子以為行其所無

事公劉遷邠乃千古卜宅之祖亦不過曰相其陰陽觀其流泉而

已故虞以前青烏家稱形家從無地理之目至曾楊廖賴諸書雜

出人知為理不復知為形又但知以數為理而不復知以形為理

無惑乎終身由之而不知其道者眾也有明以來山法諸書多有

圖誌水法無之平階先生出而古本水龍經始傳于世惜無刻本

鈔錄多譌其中天星一卷向係珍秘不肯漏洩上　承　先君子指

授家有傳書每欲付諸手民與讀書明理者共見共聞不至求福

而反以邀禍同里　王君叔藔樂助襄成爰出而問諸世校讐真

僞頗費勞辛倘海內諸君子別有善本惠而教之匡所不逮幸甚

咸豐六年丙辰清和月上海雲階賈履上謹述

水龍經序

自鴻蒙開闢以來。山水為乾坤二大神器。並雄於天壤之間。一陽一剛。一柔一流一峙。如天覆地載日月暮各司一職。後世言地之家固識厥理知山之為龍而不知水之為龍即有高談水法者莫不以山為之體而水為之用至比之兵之聽令手將婦之效順乎夫于是山之名獨尊而水之權小絀遂使平陽水局之地置水龍之真機而傳會山龍之妄說舉世昏昏有若聾瞶此非楊曾以還未晰此義迺古人不云手行到平陽莫問蹤只看水遠是

真龍又云平陽大地無龍虎浜浜歸何處東西只取水為龍扦着

出三公其言之曉暢〇徐達彰彰在人耳目間如是久矣人自不之

察耳至其裁製格法是鮮專書發揮未備卒使學者有同面墻無

徑可入推原其故豈不以山之結搆有定而水之運用無窮世人

而不發為天地惜此秘典耳高高在上哀此下民亦欲使千古不

若知水龍作法盡大地山河隨所指顧咸可握神機恭造化故引

傳之緒宣露一時假階下愚發抒要妙為後此通人彦士執繼前

驅乃因無極之傳盡泄楊公之訣于是階乃蕩然大闢其旨以山

龍屬高山以水龍屬平壤二法判分不憚大聲疾呼以正告天下

有識之士間亦信之從來迷謬茲為洞豁　階　竊自懼其遭逢之太

幸恐冒陰陽之忌何敢貪天之功以為已力也始　階　初得師傳時

既知有水龍之法矣而求之古今成跡茫無考據及得幕講禪師

玉鏡正經千里眼諸書而後入穴古機若合符契未幾又得水龍

經若干篇乃嘆平陽龍法未嘗無書但先賢珍重不浪泄于世爾

因無刊本間有字句之訛用加較讐詮次成書編成五卷一卷明

行龍結穴大體支幹相乘之法二卷明五星正變穴體吉凶審辨

之法三卷述水龍主應星垣諸大格四卷指水龍託物比類之象。五卷義同二卷而縱橫言之一二四卷得之吳天柱先生三卷得之乍浦一人家五卷最後得之我郡夫是五者或有作者姓名或失其姓名其言各擅精義互見得失合而觀之則水龍軌度無餘蘊矣以此水龍為之體而后施之以三元九宮乘氣作用譬之大匠水龍者梗楠杞梓而三元九宮其方圓繩墨也譬多丹家水龍者鼎罷藥物而三元九宮其卦爻火候也名材木搜公輸無所施其巧鉛永不備伯陽無以運其神故天元心法亦云至矣而是書

又昌可少乎經之為名不可漫加即其舊名因而不革實可藏之

金匱石室與青囊狐首並垂不朽後之學者苟非有過人之福天

媦其衆未獲覩此書也希世之寶惟有德者當之尚其知敬也歟

尚其知懼也歟當天啟下元甲子又四十年歲次癸邜律中仲呂

後學杜陵蔣平階大鴻氏題於丹陽之水精庵

水龍經第一卷總論

此卷專明水龍支榦之理蓋以通流大水為行龍而謂之榦以溝
渠小水為割界而謂之支穴法取支不取榦猶之高山起祖重巖
叠嶂之中反無真結而老龍發出嫩枝始有結作也篇中主意嘗
以榦龍遶抱取外氣形局而以支龍止息交會取內氣孕育其于
水龍之理論之特為美備蓋大江大河雖有灣抱其氣曠渺與墓
宅不親斷難下手須於其傍另有支水作元辰遶抱成胎則化氣
內生并大水之氣脈皆收攬而無餘斯大地矣予觀舊家名塚枝

川小幹首尾通流其形曲折竟于轉處下龍腹穴全無內堂界水
亦得大發其小枝盡處或一水單纏或雙流界抱深藏婉麗毓秀
鍾靈世家大族所在都有不必盡論外局其福力已不可限量似
乎此書所論不可盡拘然幹水無支其局雖大必須久而後應終
難驟發支龍無幹其效雖捷而氣盡易衰不能綿遠究不若支幹
相扶之地可希求旦夕之功而亦可期代興之澤也然則此書之
義其可廢而不察歟其所重在特朝之水迎秀立穴斯雖正論然
必欲其逆入朝迎猶是一偏之論蓋水龍妙用只在流神曲秀生

動化機自呈前後左右無往不宜順逆去來隨方協應以予所見

尤以坐向首尾為駕馭有權或左或右未免偏于公位耳若湖蕩

龍法此書皆取眾砂環聚蓋即傚山龍圖式眠倒星辰之說也果

如此圖局法固美然予偏觀吳楚之間三江五湖巨浸多矣欲合

此等圖式百無一過今存此說會意云爾必欲按圖索驥求此等

之地而塟之涉于愚矣要之湖蕩之脈亦當深明支幹蓋大蕩即

名大幹必須其傍又求支水立穴而後簽有丁卯己子丑又八局為

宅尚有歸收陰基必難乘接其借外砂包護亦即支幹之法而總

用之者也。至于水龍作用全在八卦三元江河湖蕩其歸一也。不
精此義縱得合格大地未免求福而反受其禍則又乾坤之秘奧
聖哲之心傳而非作此書者所能知也此書作者不著姓名大約
近代人手筆其每篇立論未免尚存流俗之見于真傳正訣猶隔
一山予以支幹之說為水龍開卷第一義故節取其圖列之卷首。
若二一泥于其說則于真實際分反致河漢貴學者之善說書也

水龍經第一卷

氣機妙運論

太始惟一氣耳究其所先莫先于水水中滓濁積而成土水土震盪水落土出遂成山川是以山形有波浪之勢焉經云氣者水之母水者氣之子氣行則水隨水止則氣蓄子母同情水氣相逐猶影之隨形也夫氣一也盪于地外而有迹者為水行乎地中而無形者為氣水其表也氣其裏也表裏同運內外同流此造化必然之妙用故欲知地中之氣趨東趨西即其水之或去或來可以概

知之矣若觀氣機之運者觀諸水川上之嘆亦可以觀宣聖見道

之情焉然行龍必有水輔氣止必有水界輔行龍者既在乎水故

察其水之所未是以知龍氣發源之始止龍氣者亦在乎水故察

其水之所交是以知龍氣融聚之處故經曰界水則止又曰外氣

橫行內氣止生旨哉斯言歟夫天地之氣陰與陽而已易曰一陰

一陽之謂道又曰陰陽互藏其宅動靜互為其根陰陽相禪萬物

化醇郭子有云獨陽不生獨陰不成陰陽合德而生成之功備故

山脉之崎水脉之流各有陰陽水者陽也山者陰也二者交互不

可須臾離也地脉之行藉水以導之地脉之住藉水以止之既能
導其行又能止其住者何也蓋外氣與內氣相合二氣相盪而成
物猶夫婦交姤而成生育之功也陽為雄陰為雌陽以畜陰以
含陽即雌雄相會牝牡交姤之情也故曰陰陽相見福祿永貞冲
陽和陰萬物化生此天地自然之化機也合而言之混沌之體即
萬物統體一太極之妙用分而言之隨物付物又萬物各具一太
極之元奧也知太極之理則可以語化機之妙知化機之妙則可
以語形象之學矣。

自然水法歌

水法最多難盡述略舉大綱釋迷惑世傳卦例千數家彼吉此凶

行不得自然水法君切記無非屈曲有情意來不欲沖去不直橫

不欲反斜不急橫須遶抱及彎環來則之元去屈曲澄清俱蓄萬

為佳傾瀉急流何有蓋八字分開男女淫川流三派業歇傾急瀉

急流財不聚直來直去損人丁左射長男必遭殃右射幼子受災

傷若還水從中心射中房之子命難長掃腳蕩城子息少沖心射

脅孤寡夭反跳人離及退財捲簾填房與入贅澄清出人多俊秀

污瀾生子蠢愚鈍、大江洋朝田萬頃暗拱爵祿食五鬼池湖凝聚

卿相職大江洋朝貴無敵飄飄斜出是桃花一作犯流霞男女貪

滛摇破家又主出人好遊蕩終朝吹唱逞奢華屈曲流来秀水朝

定然金榜有名標此言去流無妨碍財豐亦主官豪邁水法不拘

去與求但要屈曲去復廻三回五度轉顧穴悠悠眷戀不忍別何

用九星并八卦生旺死絕皆虛說述此一篇真口訣讀者胸中皆

透徹免感時師卦倒言禍無福有須當別

水龍經第一卷總目

斡水城垣格

內無枝水
難以作穴

大河大江。或從東南來或從西南來並不見回頭環遶。十里二十
里滔滔而來如雁之飛暑無回翔之勢中間雖有屈曲決不結穴
直至回遶環轉回顧之處如雁之將止則不必回翔而後歇泊也
至此方是龍脉止聚之處。經云界水則止又云界水所以止來龍
書云龍落平洋如展席一片茫茫難捉摸平洋只以水為龍水纏
便是龍身泊故凡尋龍須看水城廻繞處求之然水之來路遠其
勢寬大中間雖有小回頭處乃真龍束氣結咽之處即未結穴到
頭形勢寬大又難捉摸必須求支水界割如得支水揀腹界出內

堂砂水包裹不跎不密形居完圓方為真穴若非支水界割則大
水雖環遠終是茫茫無以指點雖無大害必不發福矣

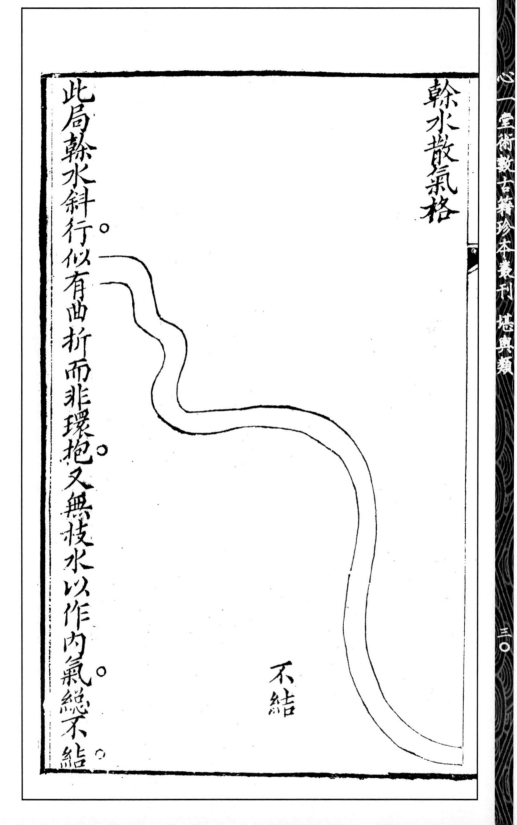

斡水散氣格

此局斡水斜行。似有曲折而非環抱。又無枝水以作內氣總不結

不結

枝水交界格

右前一枝大江自右倒左右後一枝大江亦自右趨左與前倒左
水合流屈曲而去此正兩水合流一水引脈之局又云兩水合出
是真龍龍從右來穴倚左局中龍脈寬大却要尋枝水揷腹割界
作內局龍虎前後左右朝抱包裹周密方可立穴此局于腹中揷
入小水分界左右重重交鎖三分三合束氣結咽龍脈到頭員淨
端嚴形勢極秀橫來橫受向前面砂水彎抱處立穴以迎西來水
其福力甚大

支水交界格

小蕩

此勢受水只從後面右来遠元武不回頭即于左邊局後屈曲而去于後大水去處揷一枝水上左向前灣弓抱過右邊即收作外包裹又于左之後又揷一枝水上前分作兩股一股向局後過右界出龍脉一股向局前聚水成池其砂水雙雙回頭于左側此亦横来側結穴也前有小蕩作聚水宜對小蕩正受亦主科甲發貴蓋元武水雖不顧穴却于左邊繞局後而去乃真氣也

支水交界格

西南水来送合東南来水出東北郤于東北挿一枝水分界于左

右作龍虎砂橫夾于前後中間揀一枝水橫界于前左右有金魚

水緊拱橫來正受兩來水護衛周密三分三合到頭其氣完固經

云水要有分合有合氣方洽此局三分三合而轉頭向南委曲活

動畧無硬直之殺主富貴全美若東南屈曲而來穴中望之如在

目前其秀尤佳文翰聲名可甲天下也

坐下或從東北或從西北揷一枝水上南屈曲一路向左而揷上

一路向右而揷上割界左右龍虎交鎖及抱于坐下成龍虎交抱

勢到頭成仙人仰掌結仰窩穴若迎來脉立穴取向作回受穴或

順水立穴取向爲順杖穴得龍虎砂朝抱于前其秀尤速此二法

俱可但着前後朝應何如前有曲水遠朝可迎立回受穴如後

有曲水遠朝或遠山呈秀作順杖穴此勢雖纏元武彎抱如弓並

無分泄城郭完固局勢周密主百子千孫朱紫滿門若東北或西

北一路水分泄而去其力量便輕矣

曲水朝堂格

蕩

穴前曲水不問三曲五曲周匝整肅自右過東就身回抱而去却

于曲水後分枝割界作重重龍虎分列在左右雙雙回頭朝顧如

拜如揖穴後枝水分合三關四峽重重結咽束氣兜收得此形勢

極為周家秀水完固來水屈曲呈秀來脈尊貴端嚴左右重重衛

護主有百子千孫世出魁元神童宰相若穴前含蓄聚水富堪敵

國若水係左來于穴前屈曲而去其福力不減但為官清貴無財

清白傳家

曲水朝堂格

凡見曲水當面朝來橫過穴前須得就身回抱屈曲而去坐下要
枝水割界兜收龍脈或一重二重三重疊疊繞于穴前後方成體
勢其穴前橫界深水不宜太濶太濶則氣蕩不宜太狹太狹則氣
促而前朝水箭射恐破氣傷洩此地曲水一路單纏兜收脈氣凝
聚大能發福但坐下無元武水大江繞護乃是行龍腰結非盡龍
也其力量比兩水合出稍輕若得去水在元武後回頭從坐下包
裹而去更自不同

曲水朝堂格

水

去

穴前秀水當面朝來與右來橫水合流倒左就身回抱繞元武都

回顧望東北而流來則屈曲去則顧家更得右水交會此與一水

單纏殊覺差勝水交砂會龍盡氣鍾亦大地也人丁繁盛富貴之

兆凡右水倒左灌堂則前秀水不得過堂而長房發運須得右邊

灌堂使曲水從右倒左則長房與二小房並發若右水與穴前山

水分泄而去則小房不發更主遷移過繼或易姓離鄉也

曲水朝堂格

或從左來屈曲到堂從右倒就身環抱繞元武而去或從右來屈
曲到堂從左倒就身環抱繞元武而去其曲處須要如元字樣或
如之字樣不惰不踈縈迴周匝至穴前却如灣環就身遶轉包水
于穴後得此形勢甚佳若形勢太寬中間須得枝水界得脉絡清
奇若局勢周密雖無枝水割界亦可立穴

此勢與前曲水朝堂遠青龍纏元武法合前局周密緊促此勢左

來就身夾下稍長而寬龍脈趨歸玄武秀水在前欲就曲水立穴

則氣聚在後而脫氣欲立穴就氣聚處則曲水遠而乘受不及如

此形勢中間光有枝水揀腹兜收其氣于局中使前不脫曲水後

不脫龍氣前親後倚方能發福而主文翰之貴先發長房後發中

房小房更得去水之玄則力量悠久。

曲水朝堂格

凡曲水朝堂須要摺摺整齊厚薄相等不宜東拽西竄如風擺柳條如風偃艸或蓋過穴或不蓋過穴參差錯亂者雖見屈曲無足取也此局割界結咽內氣合局亦能發福但主子孫飄蕩淫逸歌舞輕狂廢業若得進局一二摺水朝抱有情亦主初年穩發行事搖動擺跌處不免退敗之憂

凡曲水朝堂須得三摺四摺如之如元摺包過穴場其轉摺處
不至冲射若來水雖見屈曲東牽西拽固不可用若曲形如纏索
穴前雖見纏抱而前面一路殊非秀麗亦不為吉如此形體局中
雖割成勢而穴之終難發福不冲不破僅可小康若有冲激或左
右前後略見分洩必主破壞矣遠水如草之字或如展索而穴前
灣抱蓋得穴過望之不見前面冲射亦主三四十年發福及水步
行至之日即衰退矣不可不細辨

曲水單纏格

一水單纏只要屈曲有情或從東南來或西南來摺摺勻調不牽

不攙不踈不密三曲四曲厚薄同情未即結穴宜至廻翔彎遶如

滿月之勢方成體面其去水亦要回頭顧家所謂洋洋悠悠顧我

欲留是來要之玄去要屈曲縱屈曲去處最怕如繩索樣曲不遠

即反背走跳亦不結地此水從東南來三五摺到局前到頭一曲

獨厚而員淨此水星曲池穴也得去水變局不向西北而向東北

者真

曲水單纏格

三橫九曲當面朝堂不跌不窗不牽不搣曲整蕭繞青龍纏白

虎回頭顧家屈曲而去中間並無支水揀界左右塊秉真氣於中

此穴右水星曲池穴穴前曲水端蕭皆宜正受望曲水立向乃大

地也賦云為官清貴多因水遠青龍發福悠長定是水纒元武更

萬曲水朝堂去水回頭水法中之最吉者凡曲池不宜太寬太寬

則氣恐蕩而無歸元武穴雖向前受正必有脫氣失脈之患若見

寬大必將枝水兠架方妙此勢主出狀元宰輔文翰滿朝三房並

秀百子千孫富貴悠久

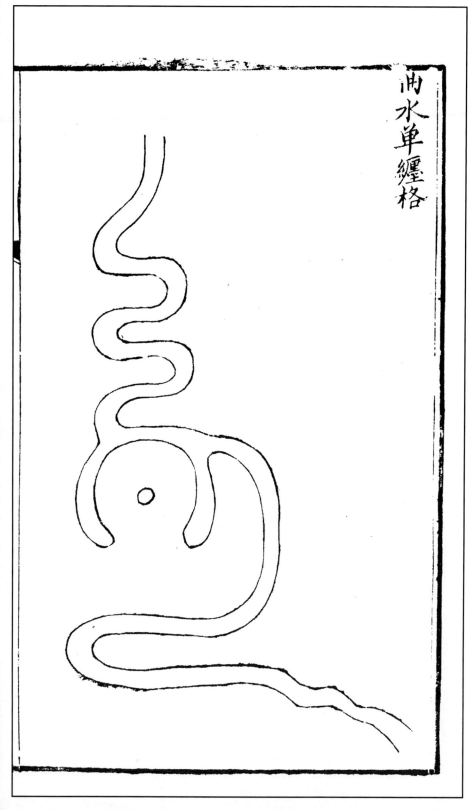

凡一水單纏局内不宜太寬太寬則氣不歸聚亦不宜太狹太狹

則氣不運化生氣急迫若局勢太寬必須左右或前後有枝水兜

秉不使生氣蕩散方妙蕩左兜右蕩後兜後又法元武水遠過穴

後上下包裹則秀氣完固局勢周密得此形勢必大發福若此勢

曲水當面朝堂從左倒右遶白虎纏元武卻回頭復從元武而去

局内左右金魚夾界其氣凝聚是為其穴一水單纏乃為遊龍戲

水。

曲水單纏格

凡是曲水左來朝堂不疎不密不牽不攙摺摺齊整者宜從曲水

至處立穴穴前一水橫迎曲水合流者須得小枝水攔界于後方

能收曲水之秀。

兩水夾纏格

兩水夾纏合流而出来見之玄去見屈曲局內緊拱不寬不蕩不

必枝水界割成形只要中間界割束腰收氣則穴法自完固矣兩

水合出前面三五摺屈曲整齊當面曲水立向雖是順水而不至

于直流直去則亦不嫌于順局也龍盡氣鍾而更得外堂曲水有

情明堂內砂如織女抛梭節節兜乘則水雖去而氣自固也主發

文翰清貴仕而無資若局內寬大更得枝水兜挿成局而得瀦水

更有回頭砂包暴穴場亦能發財貴而又富

水纏元武格

外蕩

局前大水聚于明堂從東南橫架過右抱身纏繞于元武三曲四

曲而去砂水反關于坐下其秀本在穴後法當迎曲水立向然前

有大水明堂流神自南而遠亦可就大水立向聚水在前秀水在

後主先富後貴若來水自北而南福力尤重代出魁元只要曲水

包裹整齊若有牽拽便不發秀矣左纏發長房右纏發中小房福

力悠久大旺人丁

水纏元武格

前有曲水三曲四摺遠遠朝來就身巑抱局後繞身元武而去入
路得結咽處束氣緊密發福悠久富貴雙全人丁繁盛雖二三百
年不衰。

曲水當面朝來不厚不薄摺摺整齊或左右就身環抱縱元武纏

廻而去此勢極秀若圓抱緊夾不寬不狹法當湊前曲水立穴若

就身環抱寬大深長而湊前立穴恐真氣劫洩于後雖得親就曲

水而失氣脫穴亦不發福即當于曲水後求枝水兜插在于何處

若兜插中間法宜立中穴兜插于後面元武前宜立穴坐元武水

作回受穴只要穴前望得曲水雖遠如在目前乃妙如局內別無

枝水揷界須以人力為之無使其氣刦洩脫氣但要迎受得秀水

着耳經云曲水朝堂秀而可穴纏護緊密湊近迎扦若還寬大發福必遲

水纏元武格

凡回受穴多是水纏元武格俗師云坐空割背着妄也只要天源

流水從東面西左右得枝水揰腹重重包裹割界結咽分合清奇

其福力亦大若從右邊來繞元武出東南去此繞青龍者稍輕以

水向東流者常也嬚于順水若從西南向北轉繞向南而東出穴

向朝西得水繞元武其福力與繞青龍纏元武相同以逆勢也百

子千孫富貴三百年不衰凡元武水纏須得數百步之外便彎抱

拱夾仰流而去方顯正格若面前滔滔橫架而去不見回頭此又

不可以水纏元武論也水纏者回遶彎抱之謂也

順水界抱格

荡

一片大砂周圍四水團聚中間郤揀一枝水屈曲直至大砂中腹

或分作兩路割界于左右裁成龍虎砂緊夾于穴外穴前蓄成一

河蕩或五六畝十數畝涵聚于穴前雖元辰向穴前出去然得屈

曲如之元不見直流又得聚蓄不淺則其形勢尤佳不可以元辰

水直出而棄之也亦主發福一二紀財祿不甚厚人丁盛而不秀

小貴而已河蕩中得一砂蓋過不見前水出去乃為可貴如無小

砂蓋過三四十年便見退敗

順水界抱格

此勢與前局同但無蓄聚水涵于穴前若明堂無聚水都得前面

枝水到堂三四摺如織女抛梭東西包裹砂頭雙雙抱護雖無蓄

水因其曲秀枝生自能發貴丁財亦盛

順水曲鈎格

曲水垂勾有兩勢有曲水橫來到頭却于盡處上仰作鈎有曲水

直來到頭却于盡處轉抱如鈎此二勢俱可立穴但要水來屈曲

不踈不密不牽不拽摺摺整齊或迎曲水來處立向或取曲水作

朝或於垂勾盡處立穴主年少魁元奕世貴顯文章名譽鼎盛一

時。

水倒勾格

青龍有水屈曲就身抱纏元武回頭顧家而去此繞青龍纏元武

勢也却于元武揷一枝水摺入腹中作一挽水勾形穴之亦能發

福穴前雖無吉秀而砂水朝應坐脉穴後氣脉完足丁財極盛貴

而悠久真佳格也

斬氣迎朝格

大江大河。于前遠遠屈曲而来與大江橫架水交會。其交會之處。

並無枝水㳠受蕩散龍脉似難立穴。却于數百步之後又有一水

橫界中間有枝水揮進腹中如勾或勾左或勾右與曲水相對雖

遠數百步望之如在目前即于此處斬脉立穴以迎前朝曲水之

秀名斬氣迎朝穴亦主發福但不悠久以龍脉未盡故也若得左

右夾界重密元武水仰抱如弓福力必大且久因朝遠而不近就

故應遲發數十年後發則暴而盛以江河勢大故也

曲水遠来到結局處竟橫架而不見回頭此本入懷反跳之勢理

無可取然曲水三橫四曲摺摺整齊不牽拽不斜竄其形勢秀而

可愛若得有枝水挿入秀水之後彎抱如勾本局又得枝水挿入

于後仰兜如勾其龍脉雖未止歇却于交鈕處斬氣立穴仰乘曲

水之秀亦能發福曲水近在目前只發二三十年遠在百步之外

三四十年始發然終是曲水反跳不得歸元就身富不過萬金貴

不過三品兩代即衰入籍他州亦出魁元

曲水朝堂從左轉右灣灣就身繞轉却又得客水從東來纏元武

與曲水合于局後此亦兩來成勢而曲水之內並無揀架成穴反

于客水揀一枝水橫架于曲水之後乘受曲水之秀所謂以李接

桃名曰邀倖主移居易姓或贅婿過房發大貴或遠鄉冒姓冒籍

發科甲或于四夷邊疆立功業或文人立武業武人立文業或于

他途立名者有之然局勢周密氣脉完固亦主人丁繁盛累代不

絕此

朝倖秀格

凡遠朝偉秀須得曲水當面朝堂或倒左或倒右本局無枝水揀

界成形却于他方外水揀下割成金盤仰掌勢托于曲水之下亦

名偉秀若穴後又得枝水包承元武與曲水合流從一路而去則水

口當以曲水為主若後面水不與曲水合流則水口當從本穴枝

水去處論其去水處屈曲回頭交鎖纖結不至洩漏方為大地至

水去處雖不屈曲亦不為當盖曲水乃容水不過邀其秀以發

曲水去處屈曲回頭交鎖纖結不至洩漏方為大地至

福流之曲直無預本龍故只以坐下元辰去水為主此等地當以

過房入贅而發或他途冒籍登科也

流神聚水格

十八格惟水聚堂第一蓋水為財祿富貴之樞機故水神渙散無

所收拾者不不惟不發亦主敗絕是以古人論水不曰蕩然直去則

曰水無關闌務得局前水聚蓄方為吉壤此勢左右砂頭朝抱面

前又見衆水朝流聚注成蕩只通一路或纏元武或過青龍此來

多去少所謂朝于大旺澤于將衰瀦而後洩之勢也垣局周密衆

水聚堂成十全之大地主百子千孫朱紫滿朝三四十紀之福長

中紉三房並發但蕩不宜太寬太寬則衆人之水非我一垣之水

情不專而發福亦不專矣

凡是兩水夾來隨龍交合于局前其水多從明堂前直去人皆指

為順水地順水龍豈知結地水未有不向前去者只要去得屈曲

不見直去局前宜蓄水不至徑來徑去為貴耳蓋瀦而復流積而

後洩雖去不害其為吉但局前無池沼蓄積則其去水無交鈕向

前直去斯為忌耳似此三橫四曲顧我復流悠揚眷戀似不忍去

此正為顧家水也前顧家者發近而速後顧家者發遠而遲與過

穴迴抱局相去不遠豈得以順而棄之哉

流神聚水格

元辰水從穴後分開左右兩路隨龍向穴前合衿而出却聚成一

河蕩左右砂角雙雙朝抱湖蕩中間小砂或員或方或長橫浮水

面交鎖關闌亦不見水口冲射雖是元辰水向穴流出而聚當汪

洋與元辰水直出之勢大相懸絕主大富大貴福力悠久若穴前

湖蕩中無砂角攔截亦不為害只要左右砂嘴拱抱為佳不可以

元辰水直流指為順水也賦云元辰水當心直出未可言凶只要

湖蕩蓄之橫案闌之乃吉

此亦類湖蕩聚砂格而本身穴後界水多內氣足與一片平坡者

不同。

此勢水聚明堂兩水夾拱于左右與前橫水合流或過左或過右

只通一路出去穴前蓄水聚蕩或聯珠串內明堂龍虎重重拱抱

亦大地也局前雖朝陽揖舞最要下砂逆水揀得緊密似不容水

神流去則精神凝聚而秀減于眾水朝堂之局主仕而多資穴前

無秀水科第不獲名魁內外堂有三兩重關鎖亦主三四十紀福

力過二紀後貴雖不大而財祿豐肥因水靜專而不蕩漾故悠久

耳

一水橫欄格

經云。好水如弓上弦。好砂如僧坐禪。此言水欲其彎弓抱砂欲其端

嚴也。 又云。水要彎弓環如玉帶抱身廻繞坐專城。 又云。外水如

帶內水如勾堂氣完固立伯封侯碎金賦云。砂要累砂穴不破水

要纏身氣自全。若外如帶而內直長不鈎。向于內此外是而內非。

書云來不結咽真氣散今此地局前界水灣抱如滿月形左右水

又見就身繞轉其外堂垣局周宻坐下左右環拱勾搭結咽前合

流分水砂還氣朝顧有情穴之主百子千孫福祿悠長公位均平

大格局也。

一水橫攔格

書云穴看左右鐸水看左右砟三陽看城郭明堂看四角此格穴

前水環抱如弓如帶或從左來貼身或從右來貼身緊夾兜收並

無渙散中間雖無枝水揀界氣亦完固若或寬大必須枝水收聚

得此形勢穴之主發福悠久若局前更有曲水或遠或近悠悠揚

揚朝揖于前不問左來右來俱為秀局主翰苑聲名之應左秀倚

左發長右秀倚右發小左右均平則三房俱發

水橫攔格

腰帶水左右砑下緊夾包裹其水城形勢收界龍氣有力經云界
水所以止來龍若水橫界而左右不就身環抱亦不為妙此勢局
前水環抱如帶後有結咽前有包承此水法之最佳者當面若有
小反亦不為害可以人力攻員或內堂左右各開腮水揀進作內
蕩則不見其反矣此地三房均發福力悠久數世不替

界水前抱格

水龍經

卷一

此勢局前枝水揷入包抱左右砂氣緊拱似乎有情然湖蕩在坐下砂角雙雙飛散則前氣雖收後氣不蓄前爲外氣後爲內氣外實內虛此等地僅發小財終無大福官貴絕響人丁亦稀

界水外抱格

此勢龍虎重重朝抱局前灣環如弓此形勢之美者然穴前左右
砂角硬直無情外形可觀內形似覺硬直賦云內直外勾儘可剪
裁以人力掘去硬直使成灣勢方為大地

湖蕩聚砂格
亦名雙盤龍勢

砂水團雲勢有雙盤龍單盤龍凡盤龍結穴須砂水團繞周旋委
曲如雲之圍繞方成盤結而氣聚不散若無委曲盤旋之勢雖回
頭朝應非盤龍結穴也此勢雙盤而左右客砂重重旋繞如雲之
護日故佳又盤龍結穴在局中必得蓄水于內明堂或小砂昭應
得此形局發福最悠久雖穴不盡真縱不大發亦不大敗房分均
勻貴而不驕富而不吝男女貞潔風聲可愛子孫守節而不濫或
有被徵召而不仕者皆氣脈潛藏之應也

湖蕩聚砂格

雙盤龍勢

凡砂水團雲勢多結盤龍穴一條水入。一条水出周圍盤結皆在

局中結穴處須要水寬聚成湖澤其中涌得氣脉溶活方妙不然

成裹頭城矣裹頭名巾帼水穴氣窘逼不得流通反成絶地經云

山囚水囚虜王滅侯盖其義也此圖穴前湖澤汪洋縈而不迫穴

之自能發福子孫悠久更出人孝弟聰敏或于巧藝中成名發財

以龍水秀曲也

湖蕩聚砂格

前後各有長砂橫架左右各有直砂包乘中間却得小橫砂或三
四畝或七八畝並無枝水挿界藏于衆砂之中左右直砂角回
頭勾搭包抱左右前水後水雖四穿八達穴中視之毫無滲漏正
如車輪之凑合團簇周審衆砂歸向不敢反背則真氣聚矣凡看
地先要看左右前後朝向何處若雙雙回頭向于內即于中間尋
中正不倚或大或小處求之若有反背砂或向內或向外或反跳
即非真氣所聚之處不必求穴全在目力之精心思之巧體察其
情實見得其真方無毫漏矣

湖蕩聚砂格

湖泊之處多有小砂或二三十塊或一畝二畝五六畝團簇抱聚

中間包含湖蕩其砂點點印于水面若浮鷗泛水小砂之外郤有

長砂周圍包裹小砂于其中左右前後見水穿漏而外有大砂長

砂角角包裹不見缺方成局勢郤于中間小砂認出一中砂頭面

端正嚴肅而前後左右小砂錐零散而竟朝顧攢簇擁護不遠不

近不跦不密其外面更得大砂灣抱周密完固者此大局也其力

量雄盛誠大貴之地若中間雖有小砂而不得湖蕩含蓄其秀不

顯露雖發貴而富不甚厚主出文翰之貴但小砂不蕊頭鴨頭方妙

湖蕩聚砂格

湘漢之間及浙直等處地最低薄古時開闢田地多是填低就高

各因沙汰以成田故多小砂攢聚成勢之穴然多大小不均橫斜

不齊零散而團簇者少凡是此等地面亦有結穴者須要隨砂詳

看砂頭朝向何地若見攢簇整齊不跌不密便去群砂之中尋得

中立之砂四顧有砂包裹不覺露氣藏聚含蓄此地極佳主百子

千孫富貴悠久朱紫滿朝之應其穴向當視小砂中處正面迎受

方美若小砂多而大砂遠抱恐近身穿漏必得穴砂左右有貼身

金魚水緊抱以護漏風則氣盖固矣

湖蕩聚砂格

積水灌堂水蓄成湖或一二頃或八九十畝却于穴左右起砂條

條夾身逆水挿出護衛區穴或四五重六七重雙雙回頭朝拱形

如勒馬其力量最重是大地也世人或以後龍散漫過峽束氣不

清而棄之娛矣、

湖蕩聚砂格

亦名踢球勢

砂形勾踢如馬蹄如靴頭如皮刀口客砂包纏于坐下穴前蓄聚

来水成湖一水單纏元武左轉兩砂自相包裹垣局完固並無水

割亦大地也水自左来穴宜右迎水堂局端正不見斜側穴宜正

受湖澤方佳雖無盖砂炤應亦吉若聚水直長必得水申小砂照

應為美盖明堂水喜橫長如几不宜直如竹也主富而且貴子孫

代代榮顯若元武水倒纏入明堂竟向前而去穴宜橫受方可

湖蕩聚砂格

雙踢毬勢

又名鴛鴦鈎

內漲河蕩左右兩砂相顧中通過穴雙雙回頭若內蓄面水長直須

得蓋砂護覆不見明堂水直長方妙左右兩砂各自結穴故曰鴛

鴦垂鈎勢其形皮刀靴嘴相似當就彎處扦之轉身向上方有力

若側扦之則不發秀矣此地主科甲聯芳但初必先因財致貴或

納粟奏名後發文翰貴至腰金官官相見左穴先發次房右穴先

發長房多主孝弟忠信子孫繁盛悠久若扦穴太進則氣散而不

收難以發貴兩穴同斷

湖蕩聚砂格

凡群砂輻輳有五勢。有穴前聚水遠砂朝應者。有水聚明堂近砂
夾輔而遠砂拱衛者。有本身綿長直出湖蕩外砂遠應者。有湖蕩
中群砂朝繞自相輻輳者。有群砂內聚而外有大砂包裹者。皆大
地也。此局水聚于明堂。得近身砂襯貼。前有湖蕩而遠砂拱夾外
砂拱水。外水夾砂。其局勢更妙。更得穴前或遠或近有砂呈秀富
貴極大。若左右拱夾雖多。前面無砂作應。則堂空無物。富而不顯。

蕩泊之處。多有結穴。如波心蕩月。如雁落平砂。又如浮鷗點水。審

而穴之。無不發福。

湖蕩聚砂格

洲泊河蕩之處一望無際中間或有小砂數十塊或數百塊大則
五七畝小則三二畝或蘆間草渚圍簇于一處却于中間求看內
有大砂或十畝二十畝得枝水揀界緊身包抱左右小砂或長或
短簇擁團聚如蜂之從王隻隻回頭向拱小砂交鈕如練之聯屬
重重疊疊不見穿漏坐下近局有橫砂以攔于後穴前小砂點點
如鷗浮水橫列如排班倍列如衙隊分列如亂羅倒穀團列如屯
軍亞帥有此形勢主威震邊疆或統軍大將或割據一方或分茅
定伯若前有倒斾反砂主出強梁之人

河泊之穴多有群砂團簇或遠或近四顧朝應中有一砂端肅齊
整中處望之左右前後各有長砂抱之雙雙回頭顧穴如大將之
坐營而眾軍之執戟屯列也如官之坐堂吏卒之排衙唱喏也四
畔俱係湖蕩相去或半里一里視遠若近而群砂紛紛拱衛如在
目前如拜如俯如揖如伏整齊震肅而坐穴有橫砂架攔于後不
致滲漏如此形勢主立伯分茅富堪敵國百子千孫萬福悠久亦
主子孫孝義世出忠良

湖蕩聚砂格

群砂輻輳衆水聚堂左右各有長砂二三重抱衛于兩旁砂頭向

堂回顧不硬不直又不反背坐下更得托砂坐于後中間有一枝

水界出龍虎坐實中位向前遠砂左右趨堂勢若排衙如拱如揖

中含湖蕩外有遠山或長砂為蓋照湖蕩寬闊中有小砂如星如

月印于水中排列如班此形體格局之最勝者也主富貴綿遠出

宰輔產英賢千子萬孫世所罕見

湖蕩聚砂格

大湖大蕩數千頃于中間突起二三片地大者數百畝小者五六
十畝團簇拱聚面面相顧洲角鴂收隻隻回頭如眾犬之聚食于
槽者然即于中間審認何砂端正尊嚴有無枝水界割成局中間
如有界割枝水結咽分合件件明白的有明証便着明堂左右朝
抱如何若見朝抱有情蕩水收進蓄于穴前作內明堂局前更有
遠砂蓋照湖蕩雖大而局前視之不覺寬潤蕩散垣局周家乃大
地也穴之主富堪敵國貴並王侯分茅列土貴專一方以湖蕩中
精神獨擅而人不得分受之故也　並以砂水朝揖之多寡定世代
　之遠近朝拱之砂多多益善

湖蕩聚砂格

此勢前面湖蕩千頃橫盍于前局後曠蕩無涯又得枝水挿界成

局穴前再見小砂蓋照不致蕩散寬潤則精神完固穴之無不發

福尼此等地不必問水之去來合法只當審氣之聚止何如耳主

富貴並美福力不可量也

曲水斜飛格

凡水来去。要朝抱就身。尤要彎環委曲。来要之玄去要回頭纏逶

此勢穴前左来右抱就身。似為可穴。然形如之字。雖見屈曲而勢

如拽索斜曲。不秀。謂之斜来。則可謂之朝堂。實非也。其右邊去水

雖見就身托局。然不遠。即反跳斜飛。更不回頭顧家。則去水似是

而非。其貼身左右枝水。縱裁割如畫穴之。僅可暫發。不能悠久。若

誤認水玄如帶。是得一而廢百也。盖水城固要圓抱。而来去亦宜

朝拱。書云。拽索曲斜来此處莫安排。又云。水若回頭號顧家。水不

顧家。家必破。觀此而水之来去可例明矣。

曲水斜飛格

凡水界龍来要就身貼體若過穴而斜飛為斜流謂其不衛穴也

遇穴而反去為反跳謂其不就身砕下以衛區穴而郤于穴前反

跳而去更無屈曲回頭朝顧之情雖得一邊圍繞而一邊反跳則

穴氣已從反跳之處走洩矣邊聚邊散氣不融結雖或發達亦不

悠久賦云水才過穴而反跳一發便衰若水自横来過穴而反圍

是左右俱不得水抱雖有枝水塊收全不聚氣穴之必敗經云来

不揖穴去不拜堂敗絕之藏正此勢也左跳長房當右跳小房絕

水城反跳格

凡水須要就身環抱如弓如帶左右夾拱則氣力凝聚而結穴抱

東則氣聚于東抱西則氣聚于西經云界水所以止來龍彎抱所

以聚穴氣此勢穴前水反圈如仰瓦如反弓左右不就身�于下都

反跳斜飛其情實係抱前而不夾後其左右雖有枝水夾護而情

不在後勢雖迎氣而氣實不聚穴之僅暫發終必退敗蓋水忌背

城書云背城反跳主逃流編配遠方遊左跳長房當右跳小房當

如見此水切不可下悮人不淺

水城反跳格

凡真氣所聚之地其砂水必然歸向留戀砂則如拜如揖回頭如

勒馬俯伏如眠弓水則如之如元纏繞顧家如不忍去者然青烏

經云揚揚悠悠顧我欲留是也若左來而右反去右來而左反去

或前來後反去或後來前反去或前來如倒寫人字後來如順書

人字源頭水尾並無塊收勾回之勢名為四反穴之主出人忤逆

無父無君父子不和兄弟相殺小則刼掠鄉村大則謀反畔逆殺

身亡家覆宗滅族之地也左反主男逃為盜右反主女婦背夫前

反主瘟疫後反主火盜前後左右俱反主忤水交流而穴之也

逆覆宗切不可以四

此水或左来夾身而從右砑下或右来夾身而從左砑下穴前水

如弓如帶其左右又有枝水合界拱夾于兩旁其大形大勢似覺

凝聚成局可觀若明堂左右有曲水朝来照穴此地美甚使局前

雖有水来而直来如箭略無屈曲情況則穴中之氣又被直水射

散書云水来如箭絞身繡面雖發財祿子孫必有編配之患若左

来右去右来左去或左右俱来而穴前分作兩股流出一直如箭

遠去更無池湖牧蓄尤為不美見此形切不可以左右枝水夾抱

可觀而穴也絕人敗家悉由于此學者知之

此穴前水灣抱如帶左右龍虎緊夾護送形端局正似為結地然

向前明堂水更得屈曲而來方妙全此地向前有一路二路三路

水直沖穴前為金吾箭前書云直則為沖曲則朝此水直來撞城其

禍最座書云一箭一男死二箭二女死箭左損長箭右損小箭中

捐二若見斜沖主子孫軍徒又曜殺方主刑戮甚而至于絶嗣凡

穴前有此直水必得池湖受之或橫案遮之差能免禍賦云為人

無後多因水破天心是也

界水無情格

凡看地須要左右砂水朝抱回身向堂局青龍如勒馬白虎似眠

弓書云大地郊如羊見犬隻隻回頭轉正如主人在座而僕從之

歸向四面環遶如星之拱北也若龍虎直出無所灣抱者形如推

車謂之無情書云水如直去推車形砂不回頭堂氣散令此地龍

虎直去不見回頭其明堂雖見聚水而左右砂頭直去則水亦不

含蓄矣堂氣不聚穴氣亦不固矣書云龍虎所以衛區穴既不回

頭其內堂有生氣耶雖內砂似勾亦不足取時師見有龍虎出堂

不究其情便從指點未有不候人者賦云內勾外直枉勞心可不

審諸

界水無情格

赤霆經云棹椅反張手足握綟敗絕之藏又云官不供職鬼不還

氣忤逆之地穴之主父子分居兄弟別離書云砂分八字水斜流

田地不留邱是巳

尋平地與山龍不同只要水來抱衛其左右前後宜委折屈曲向

內就身回遠凡見直來硬過不顧堂局大凶也雖有枝水勾灣亦

不宜指點賦云蕩然直去無關闌其內豈有真龍穴訣云水能界

生氣灣曲廻繞者界生氣水也蕩直不顧家者散生氣水也經云

生氣畫從流水去正謂直水去故也南來北去東來西去一直如

箭略無回頭朝顧之情若畫井字樣如畫碁盤格中間雖有枝水

揀界亦似是而非也穴之雖畧有財父乃出人橫暴主有流徒之

患忤逆不仁貧敗絕嗣瘟疫自刎皆剛硬之氣所致也

水龍經第二卷

總論

此卷專言水龍貼體吉凶形局。而入穴星躰已森然縈列于其中。

此水龍肯綮枙要之書也。亦不著作者姓名言都俚俗而我以為

此必楊公真本千年以來師師相授之秘旨也。開卷先言五星。

而五星之中惟取金水土三星為吉木火二曜皆凶此與山龍少

異山龍有火星起頂頂下即結真穴穴有行龍穴星皆木星結臍。

彌見貴秀水龍則一犯火木立見災禍推原其故總為水形喜柔

莊而惡剛強宜轉抱而忌沖激金水柔莊而上形轉抱與木火之

剛強沖激者情性判然矣是以五星既別而即繼之以遠抱反跳

水氣漏風蓄聚分飛諸格辨之最詳亦即五星之變体而引伸觸

類以求詳之者也夫先明支幹之義則行龍之骭格大畧已定繼

明五星之正變而後入穴之作用得其主宰掌握自由學者苟有

意於楊公之術能於是書深切而骹驗之水龍之道思過半矣過

此以往三元九宮之法庶幾其有逢原之樂乎。

水龍經第二卷總目

總論

論支幹共二圖

論五星共四十七圖

論四獸共四十圖

論形局共四十五圖

論異形共二十四圖

論象形共五十四圖

雜論共十三圖

論支幹

大水汪洋是幹龍
枝龍作穴出三公。

枝龍作穴須長久。

幹龍氣盡不須求。

幹

枝

金星變骸

金星水養身。
覆金
兒孫富貴足金銀。

右金小房興。

左金長房發。

金星如玉帶此地真無價。

○ 正金骸

横水過宮。
金城抱穴。
若扞此地。
富貴不歇。

斜金似火受尅非佳。

斜金似火照穴前。
半貧半富賣田園。

前火尅金城風字腳不停若扦
此等地不久主伶仃。

此水名為犁頭

形一發火燒貧。

金城右反弓

小子必孤窮。

金城左反弓

長子定離宗。

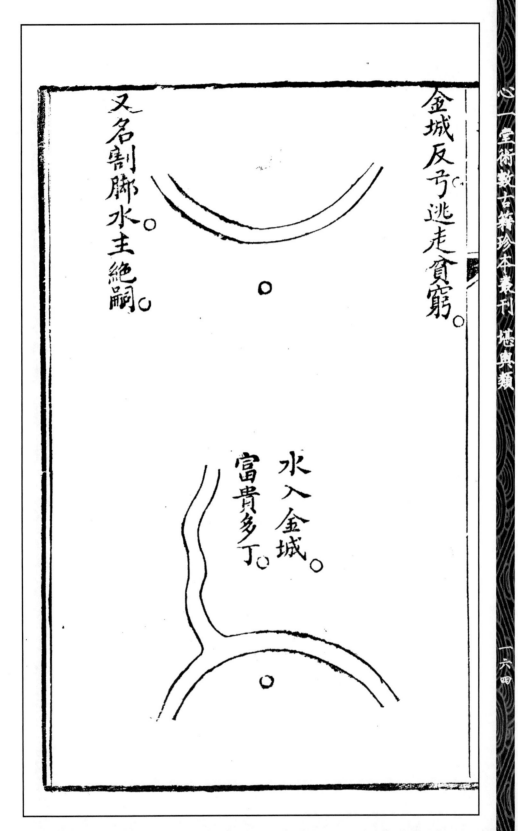

金城反弓逃走貧窮。

又名割腳水主絕嗣。

水入金城。

富貴多丁。

金水泛濫。

風聲可憾。

金水相生。

富貴豪英。

金星木來撞。

子孫家傾蕩。

金水得地。

子孫富貴。

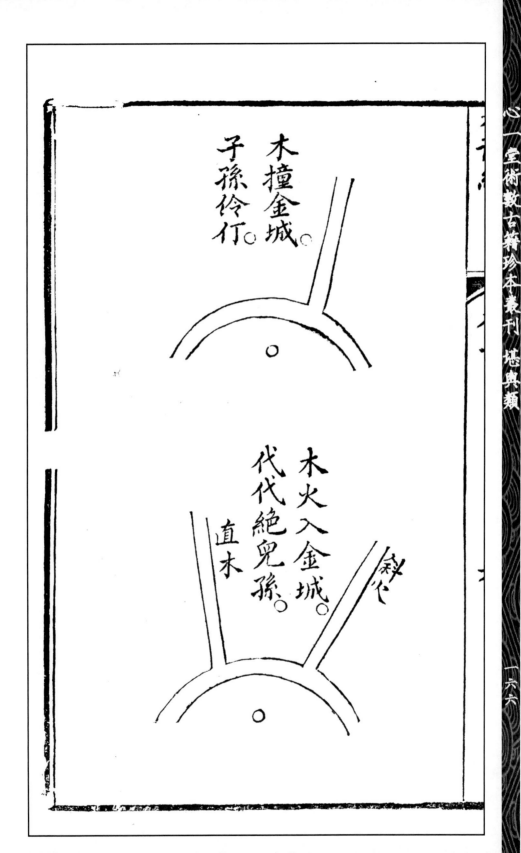

木撞金城
子孫伶仃。

木火入金城。
代代絕兒孫。
直木
斜火

曲水入金城。
官鬼損人丁。

粬入金城窮敗無丁。

小凶
中凶
長凶

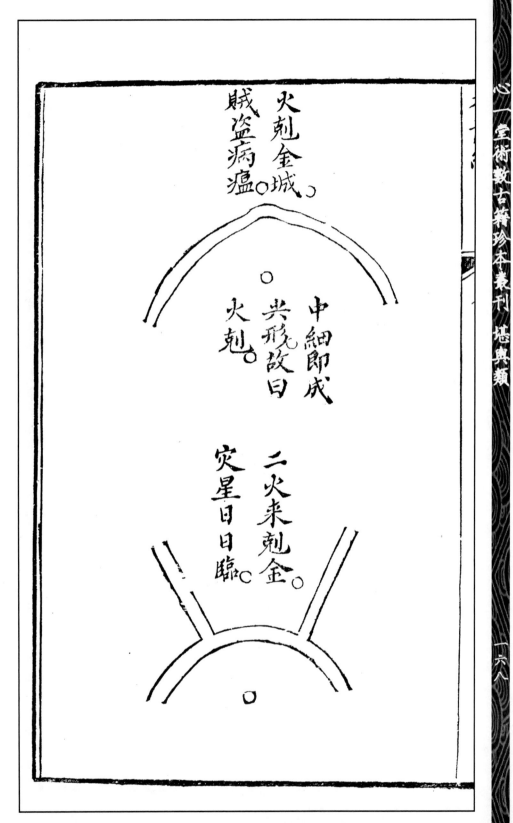

火剋金城。
賊盜病瘟。

中細即成
共形故曰
火剋。

二火來剋金。
災星日日臨。

火金相刑○
敗絕無疑

同上

水星得地。金屋富貴。

同上

二土應門前。
富貴有金錢。

藏　土
金　腹

水星入土曲來沖。
先主剋財福後隆。

土星抱穴
富貴不歇○

土星右轉來○
家富足錢財○

水龍經

土星直去無回意不久家門退又云一直如舟
不可安雖鏺貧窮不久年不問東西南北佳必
然逃走不知端。

土城反去敗絕身家
貧窮淫亂軍配天涯

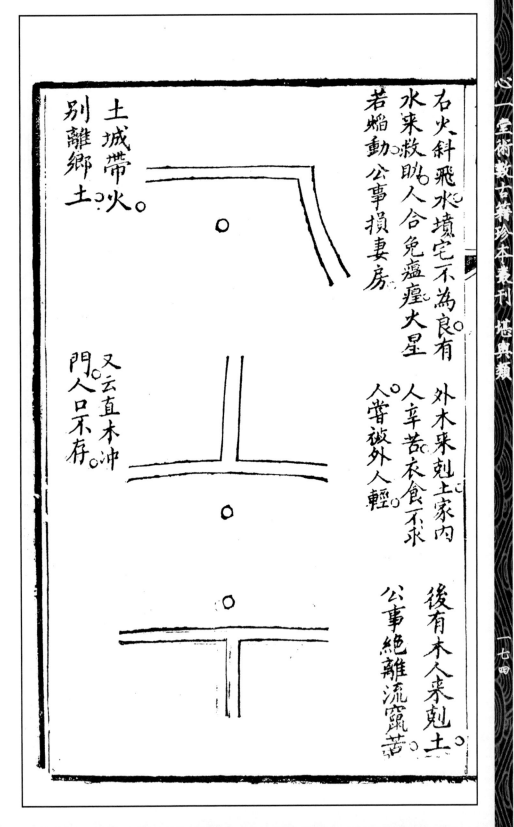

石火斜飛水壞宅不為良。有

水來救助人合免瘟瘂火星

若蚩動公事損妻房。

外木來剋土家內

人辛苦衣食不求

人嘗被外人輕

後有木人來剋土

公事絕離流竄苦

土城帶火。

別離鄉土。

又云直木冲

門人口不存。

直木如鎗。公事橫殃。又云木
城直沖穴中房必敗絕前木後
來沖軍賊犯刑凶。

正木直行退敗動瘟。
斜木不堪為下後主
生離。

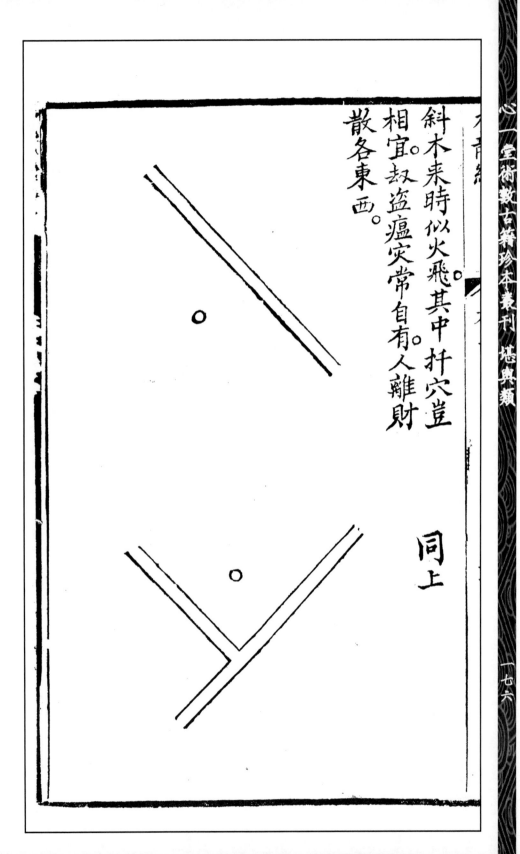

斜木來時似火飛。其中扦穴豈
相宜。叔盜瘟災常自有。人離財
散各東西。

同上

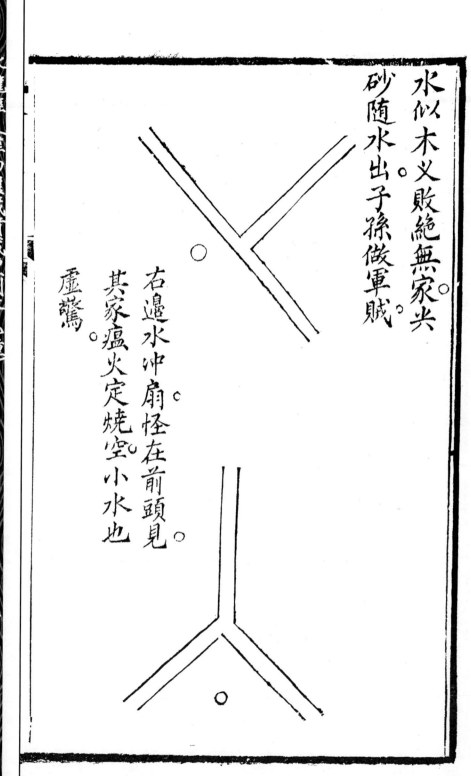

水似木义敗絕無家央

砂隨水出子孫做軍賊。

右邊水沖扇怪在前頭見。

其家瘟火定燒空小水也

盧鷟。

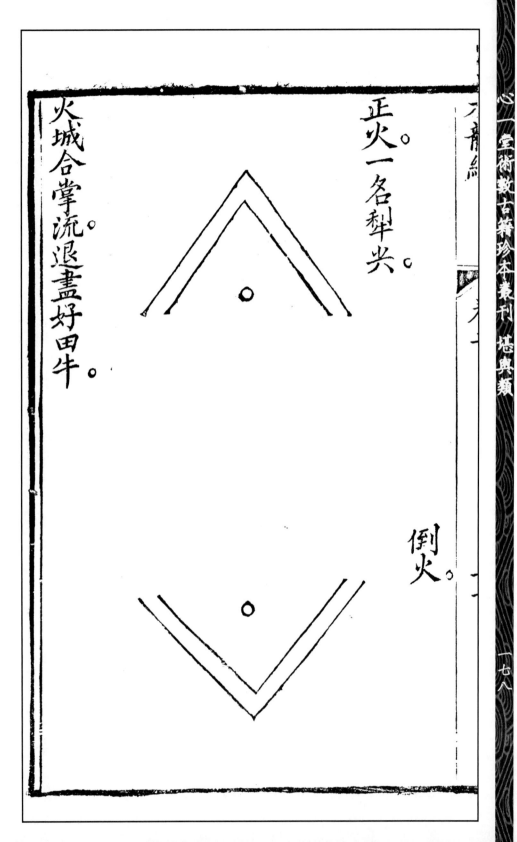

正火。一名犂尖。

火城合掌流退盡好田牛。

倒火。

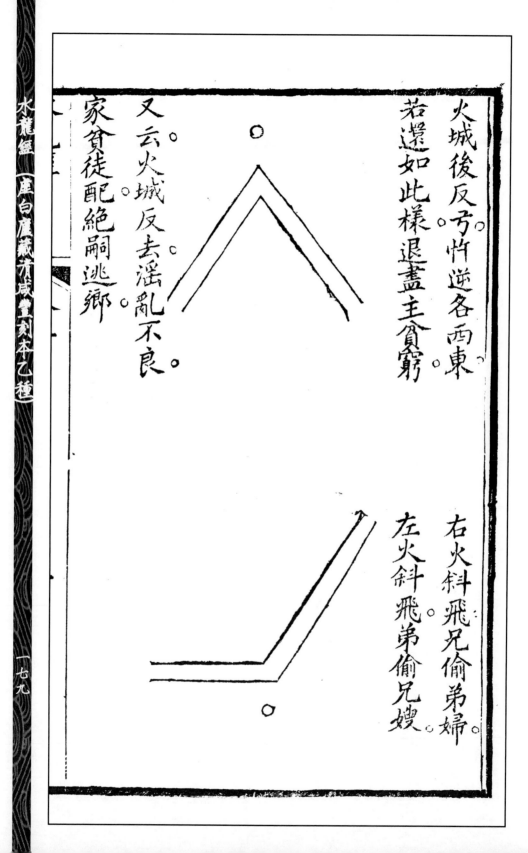

火城後反弓忤逆各西東。

若還如此樣退盡主貧窮。

又云。火城反去溢亂不良。

家貧徒配絕嗣逃鄉。

右火斜飛兄偷弟婦。

左火斜飛弟偷兄嫂。

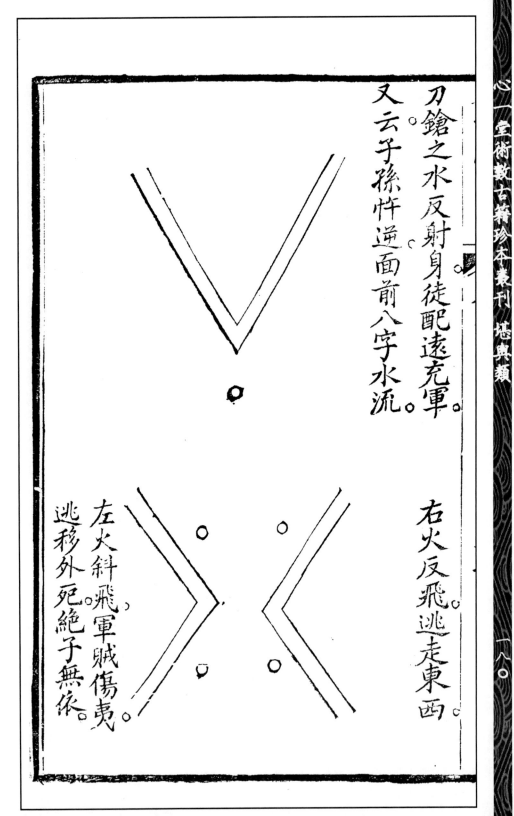

刀鎗之水反射身徒配遠充軍。
又云子孫忤逆面前八字水流。

右火反飛逃走東西

左火斜飛軍賊傷夷
逃移外死絕子無依。

尖火射其身。
官刑絕子孫。

爆火焰焰動。
老死無人送。

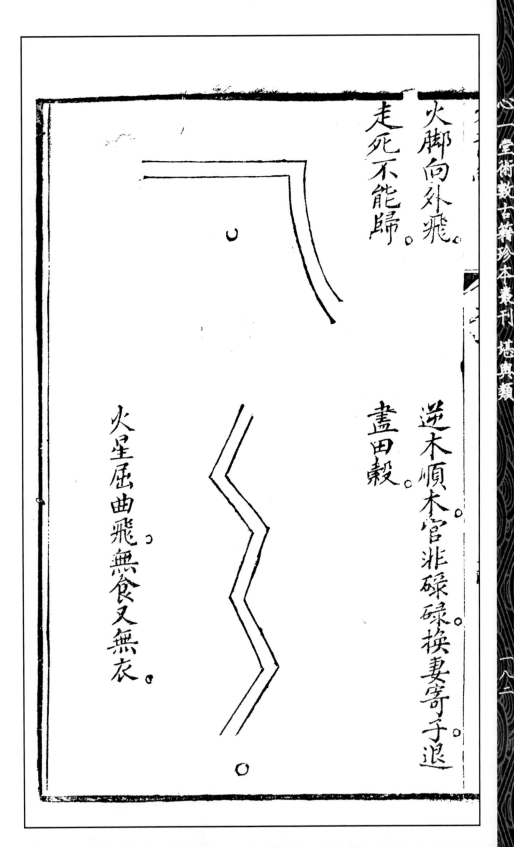

火腳向外飛。

走死不能歸。

逆木順木官非碌碌換妻寄子退

盡田穀。

火星屈曲飛無食又無衣。

論四獸

朱雀之前水三反。男盜女淫無衣飯

發福久長。定是水纏元武

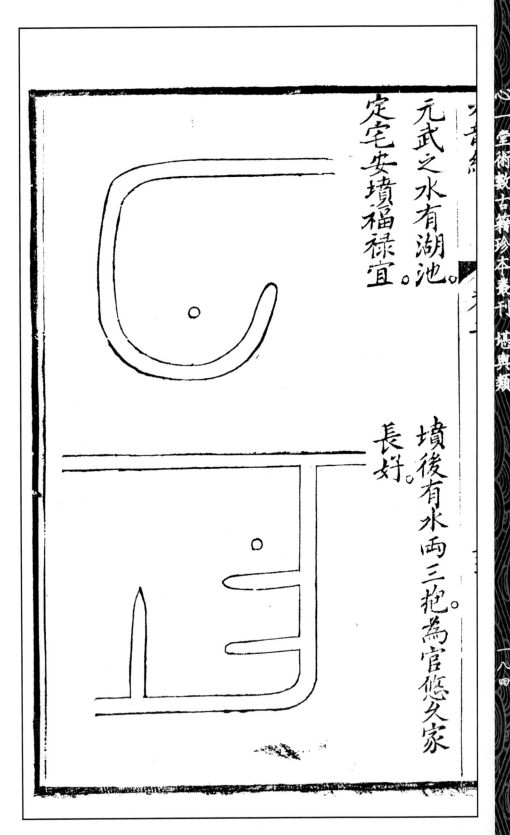

元武之水有湖池。
定宅安墳福祿宜。

墳後有水兩三抱。為官悠久家長好。

水龍經

水沖元武頭枷鎖去為凶。
又云前丁後丁主絕人丁。

元武吐舌水風吹。
絕嗣官災少吉隨。

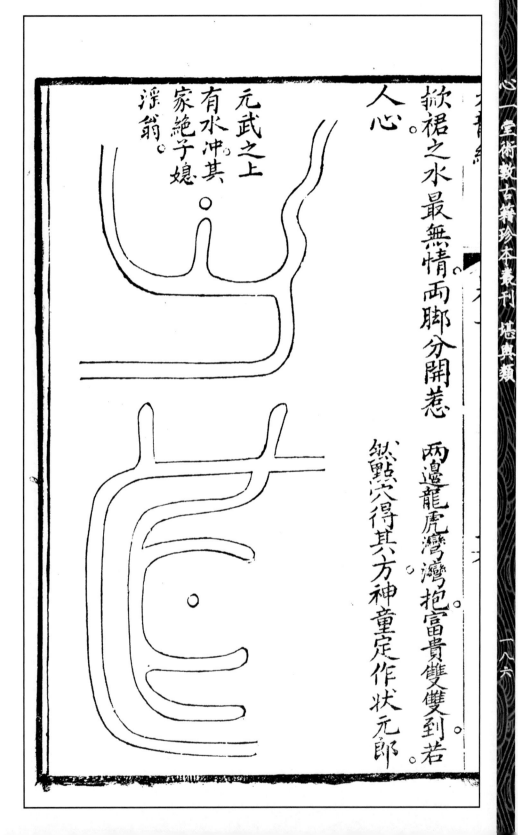

掀裙之水最無情兩腳分開惹

人心。

元武之上
有水冲其
家絕子媳
淫翁。

然點穴得其方神童定作狀元郎。

兩邊龍虎灣灣抱富貴雙雙到若

青龍水轉抱其身。
須知此地出官人。

青龍白虎兩分張。
流徙退敗主離鄉。

白虎水如飛不久便逃移。

水口無山開
先賣田和地
出賊敗亡凶。
流配為邊戍。

有子出家定是水

冲城脚。

水打白虎腦小子命難保。

青龍直走如飛去代代
人難住。

水打青龍頭長子命先憂。

同前

左右兩邊水反却兒抛父母離鄉住。

兩邊水去不回頭財物鬼来偷。

白虎啣屍鰥寡無資。

少亡絕嗣橫夭扛屍。

又云右關水

為突陰人定

損胎。

青龍吞塚瘋勞腿腫。

橫夭瘋呆離鄉絕種。

白虎冲腸少子刑傷。

青龍冲腹長子瘋疫。

水龍經

卷

白虎啣屍貧老無兒。

青龍吞塚憂惶種種

青龍之水抱墳兜。
出人富貴不須憂。

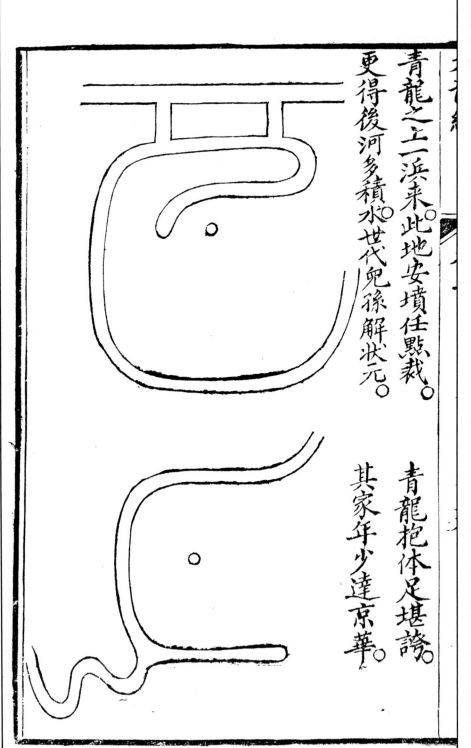

青龍之上一浜来此地安墳任點裁。

更得後河多積水世代兒孫解狀元。

青龍抱体足堪誇。

其家年少達京華。

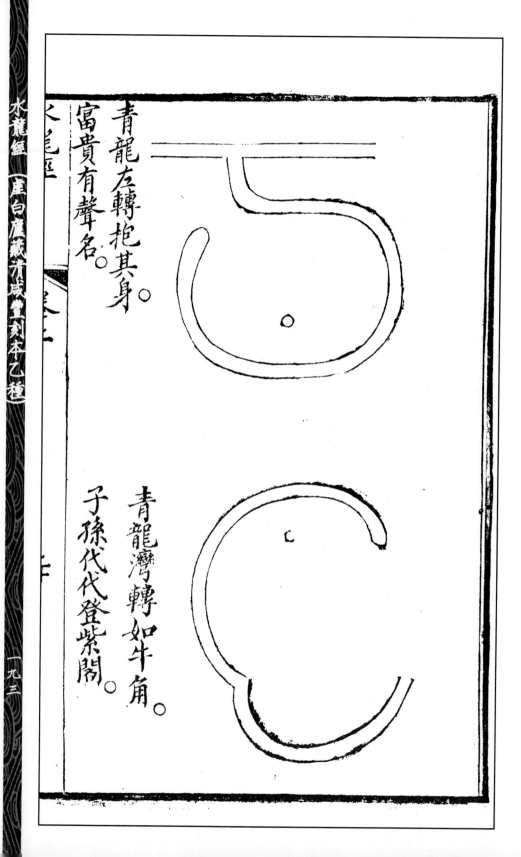

青龍左轉抱其身。
富貴有聲名。

青龍灣轉如牛角。
子孫代代登紫閣。

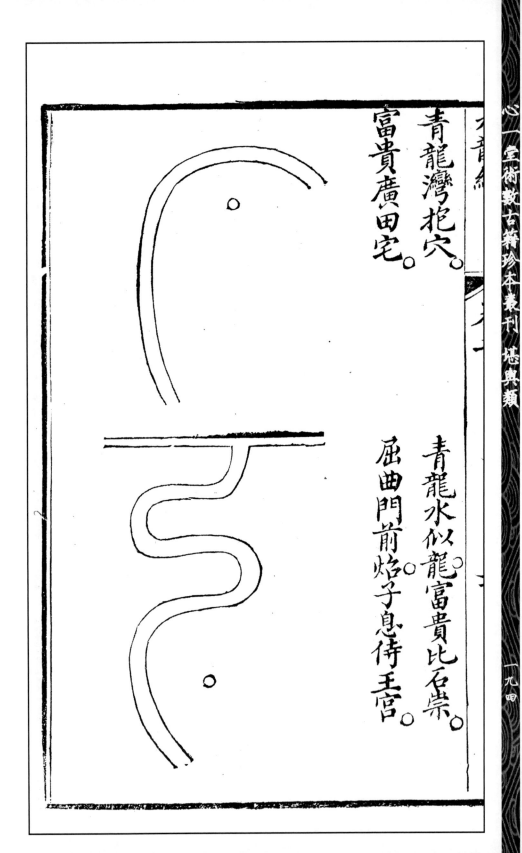

青龍灣抱穴。
富貴廣田宅。

青龍水似龍富貴比石崇。
屈曲門前焰子息侍王宮。

青龍屈曲抱身來。
世世兒孫入帝臺。

青龍水反逆子孫無官職。
君若扦此地誤殺人千百。

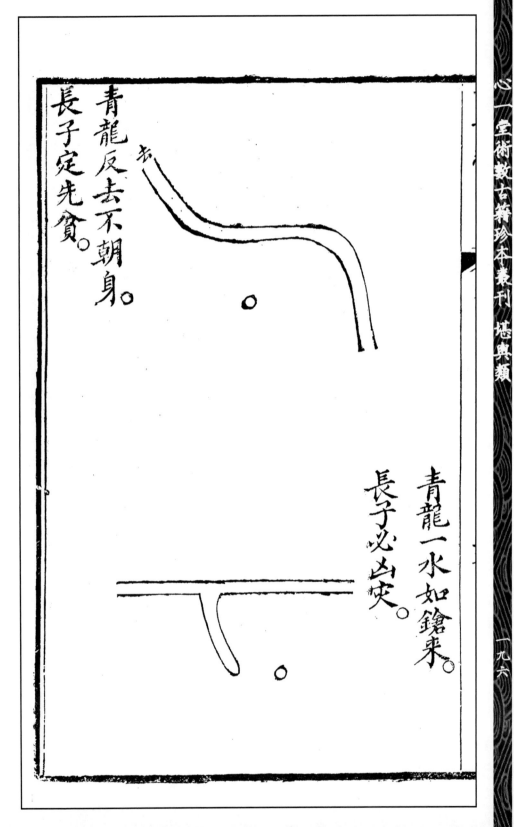

青龍反去不朝身。
長子定先貧。

青龍一水如鎗来。
長子必凶灾。

青龍水射入子孫傷

死并軍賊。

青龍水反飛。

家破并人離。

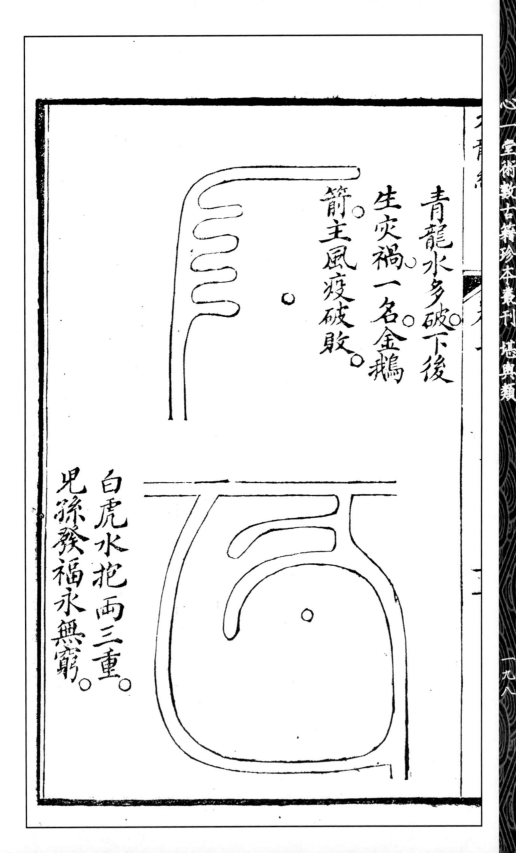

青龍水多破下後
生灾禍一名金鵝
箭主風疫破敗。

白虎水抱兩三重。
兒孫發福永無窮。

白虎位上大池兜。

衣食永無憂

虎水象牙刀。

兒孫掛錦袍

白虎遠如帶。
代代官不壞。

白虎有河。
招即賣田園。
興寡婦。

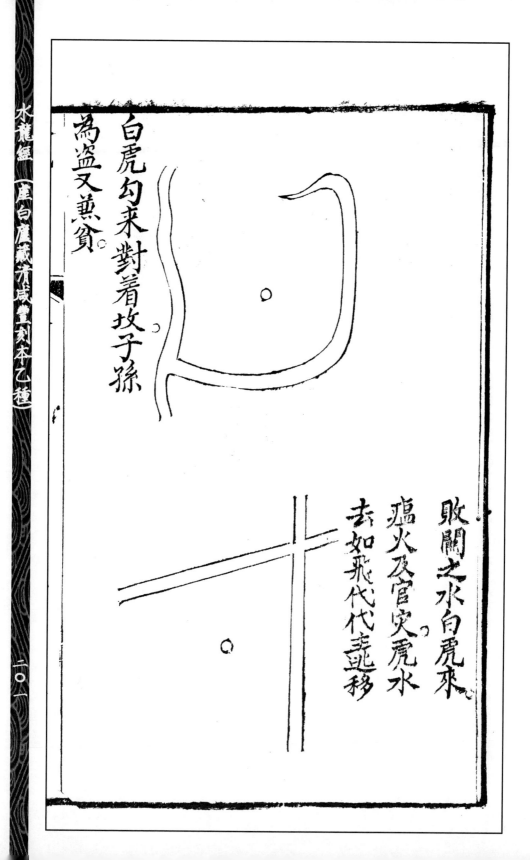

白虎勾來對着坎子孫

為盜又熟貧。

敗闕之水白虎來

瘟火及官災虎水

去如飛代代盡移

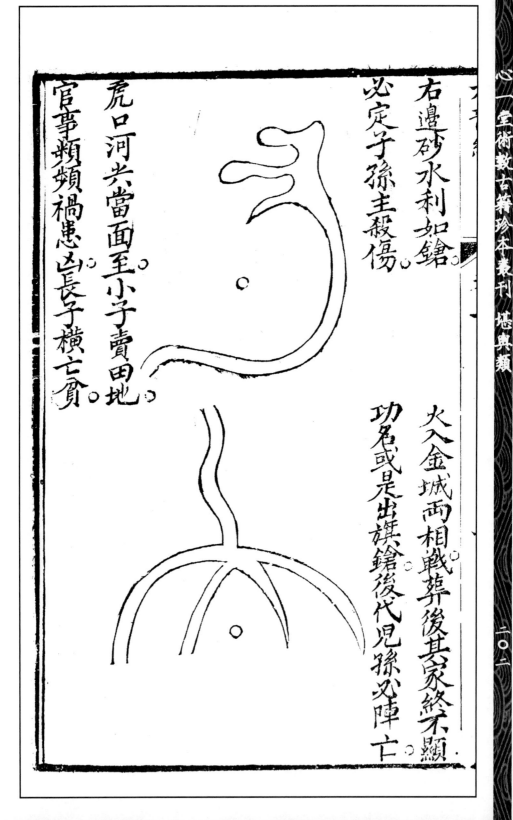

右邊砂水利如鎗
必定子孫主殺傷。

虎口河共當面至小子賣田地
官事頻頻禍患凶長子橫亡貧。

火入金城兩相戰葬後其家終不顯
功名或是出旗鎗後代兒孫必陣亡

論形局。

水見三灣富貴安閒。

水來當朝家自然豪。

全上

又云貪狼之水面前朝子孫

代代產英豪不問去來併前

後官居臺閣五雲高。

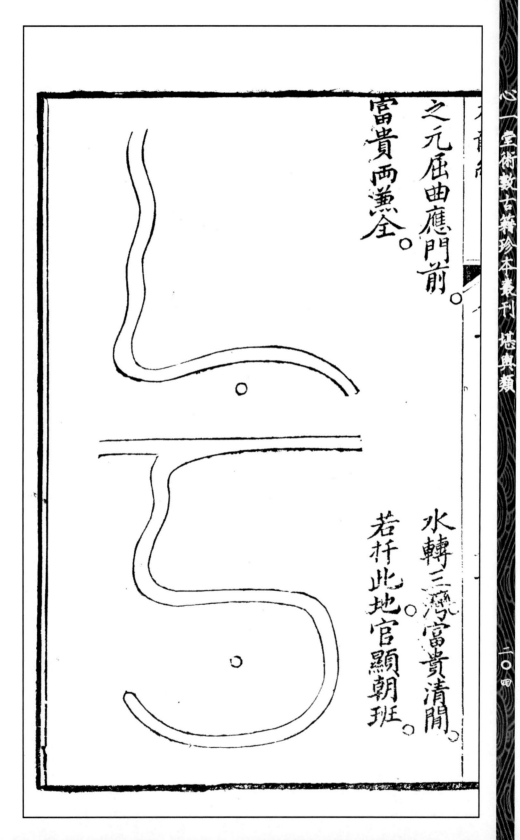

之元屈曲應門前。
富貴兩漢全。

水轉三灣富貴清閒。
若扦此地官顯朝班。

水從左來穴居右。

富貴而壽。

水從右來穴居左。

官高而富。

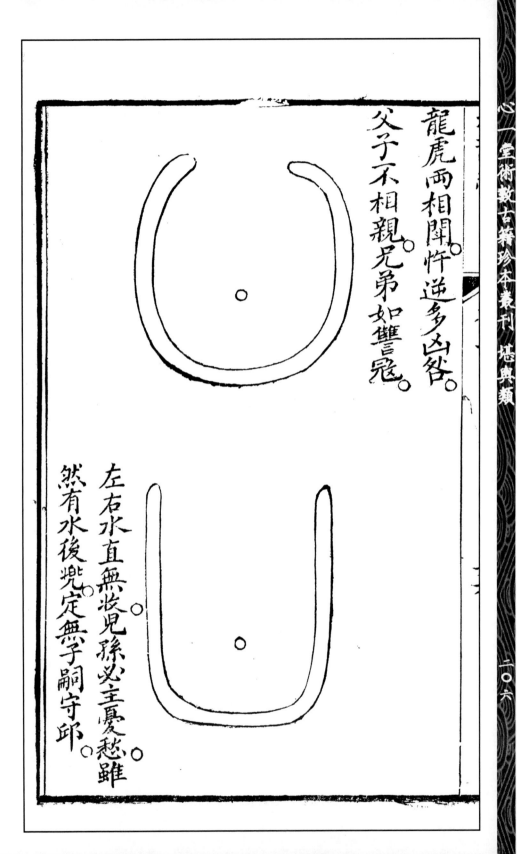

龍虎兩相鬭忤逆多凶咎。

父子不相親兄弟如讐寇。

左右水直無裝見孫必主憂愁雖

然有水後兜定無子嗣守邱

吉水左來朝。家業自然豪。

水似生蛇此穴最佳。若逢三穴富貴儒家

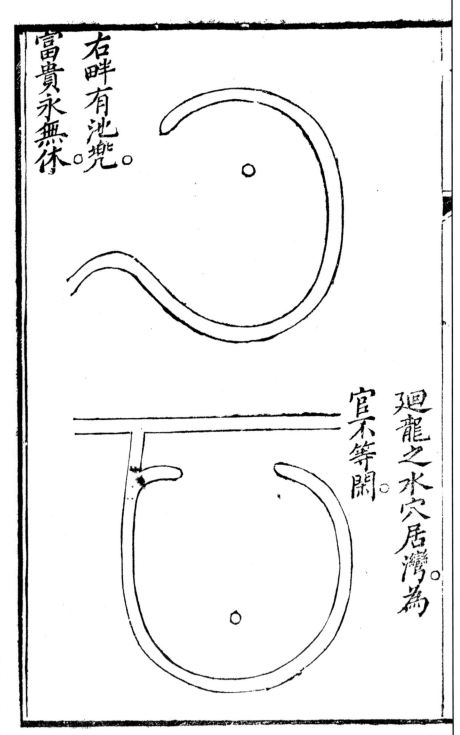

右畔有池兜。富貴永無休

廻龍之水穴居灣為官不等閑。

浪打風吹不可行。

此地無遮穴自寒。

後水灣抱吉有餘。

西朝水返歸西去。

子孫登科第。

東朝水返歸東去。

日後欽名譽。

右邊二水抱。
家內足金寶。

右水縈勾身子息
枝軍必殺人。

面前如華柱子孫離鄉去。

即水沖城脚。

二水不宜長。赴土圭離鄉。

流有井當中溜不休。

人死無棺　又云前冲之水兩分

水若冲闊孤寡凄寒如居前寨。

井。

墳前一水直冲穴。

下後兒孫必定絶。

前面水沖穴。

下後子孫絕。

後水若冲來暴富出刑灾。

水中龍臂須看來勢。

平處還可若高不利。

高地

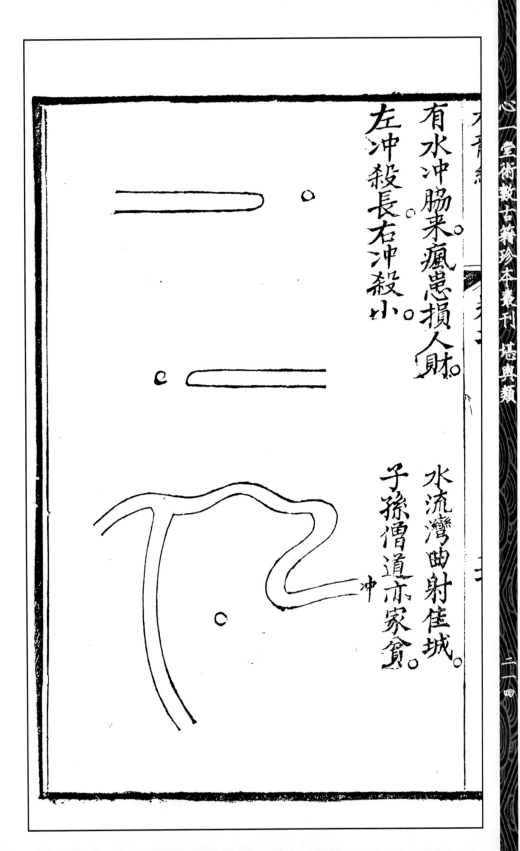

有水沖腸來瘋蠱損人財。

左沖殺長右沖殺小。

水流灣曲射隹城。

子孫僧道亦家貧。

沖

龍虎分飛父子東西。又云乹
風打艮風吹不久流移定不回。

水穿虎眼東西兩畔更
破城門人財星散。

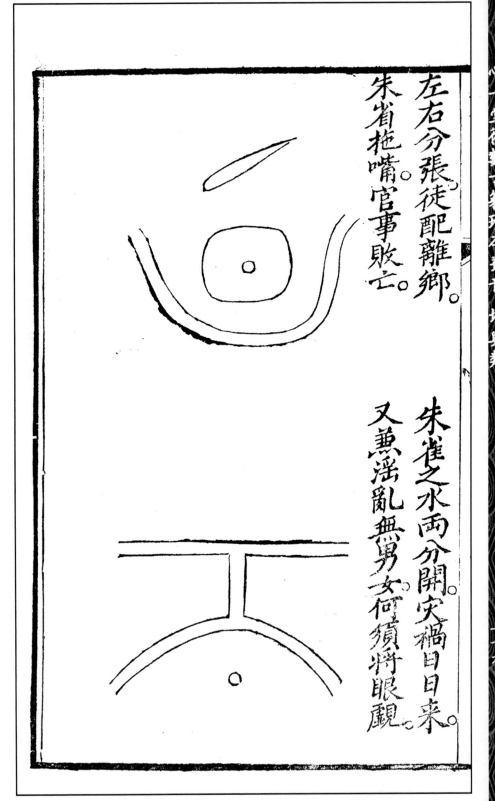

左右分張徒配離鄉。

朱雀拖嘴官事敗亡。

朱雀之水兩分開災禍日日來。

又無淫亂無男女何須將眼觀。

裹頭城裡莫安墳剗腳東西動

火瘟疑是真龍求發福到頭終

久敗兒孫。

裹頭城風字腳中

男吉長小絶

其家一旦休。

水脚兩分流。

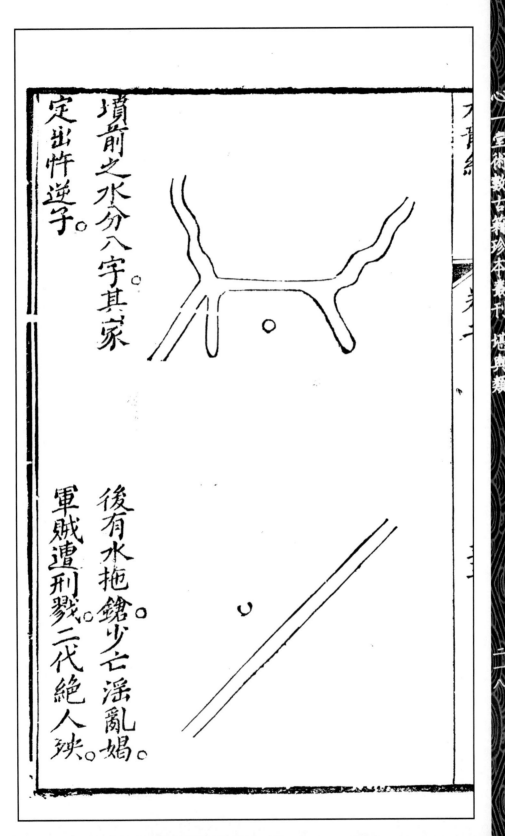

墳前之水分八字其家
定出忤逆子。

後有水拖鎗。少亡淫亂娼。
軍賊遭刑戮二代絕人煥。

坎前有水不相顧常

招女婿當門戶。

坎後長水十字河水

孫風疾受灾磨。

長河一水通舟直兩邊不許安墳

宅若有人家安坎宅子孫遊蕩為

軍賊。

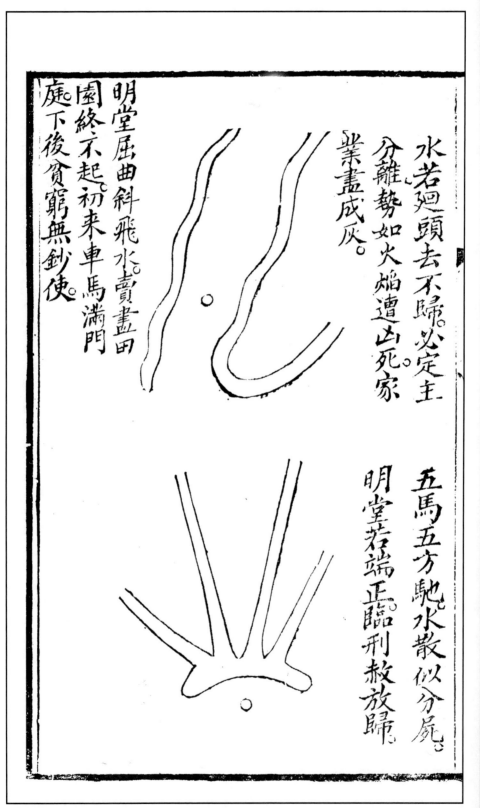

水若廻頭去不歸。必定主

分離勢如火焰遭凶死家

業盡成灰。

五馬五方馳水散似分屍。

明堂若端正臨刑救放歸。

明堂屈曲斜飛水賣盡田

園終不起。初来車馬滿門

庭。下後貧窮無釵使。

水來生浪如蛇走人倫

敗亂家財有。

青龍有水射其身。

子孫刑獄主充軍。

乾水支流子孫

後休。

水向乾流必出賊頭

前砂順水似飛旗金火相刑誰得知

軍賊跛跏瞎育弟兄相殺見凌欺

右邊反無情逃離又

充軍。

朱雀反弓龍虎張兜孫忤逆打爹娘

自縊無端官事起損兒損女賣田庄

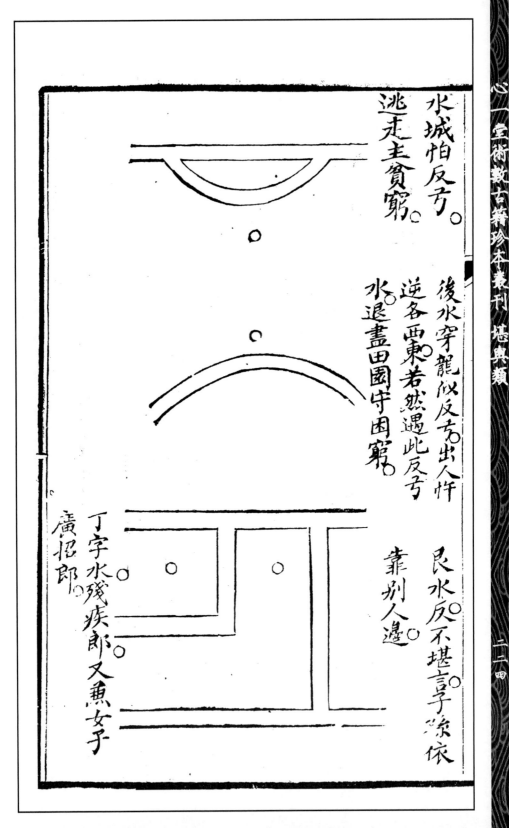

水城怕反弓。

逃走主貧窮。

後水穿龍似反弓主出人忤

逆各要東若然遇此反弓

水退盡田園守困窮

丁字水殘疾郎又鬼女子

廣招郎

艮水辰不堪言子孫依

靠別人邊

論異形

團團流水遶坎基。子孫絕後主分離。

乾鎗向巽配在雲南坤鎗向艮配在遼東巽鎗向乾配在陝西艮鎗向坤配在

廣西

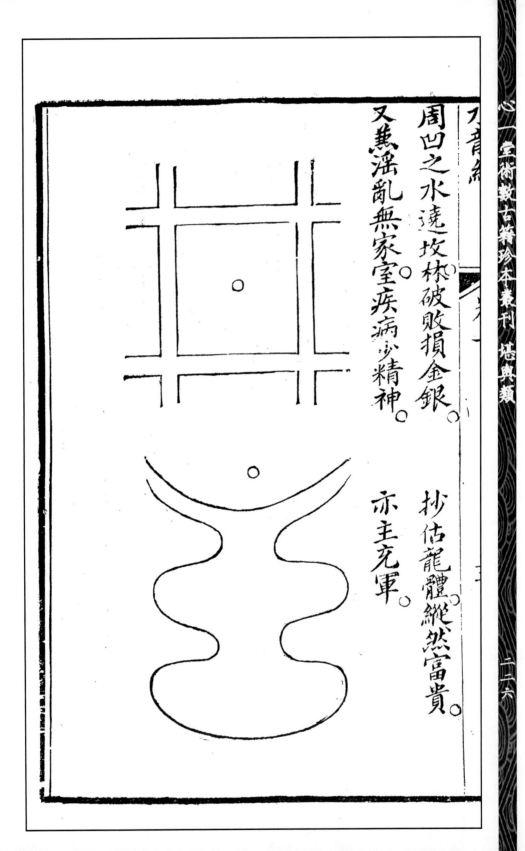

周凹之水遠攻林破敗損金銀。

又蕉淫亂無家室疾病少精神。

抄估龍體縱然富貴。

亦主充軍。

抄佑

青龍腰上水沖破家內常常有災禍

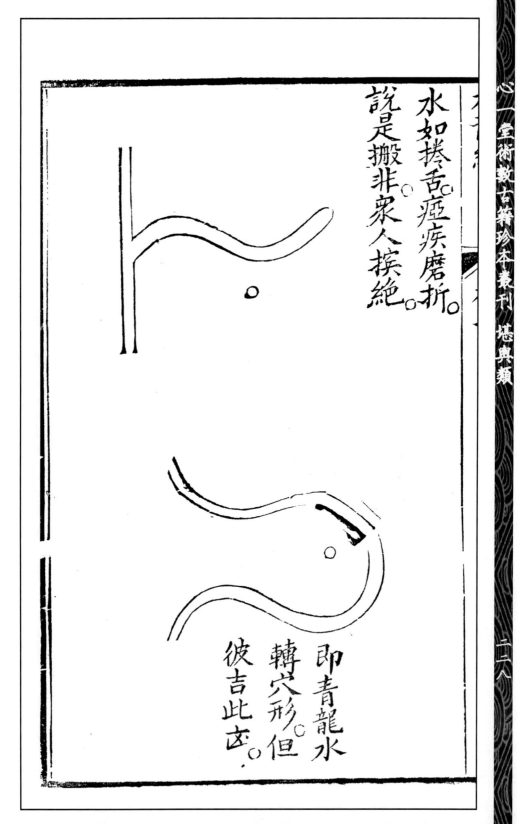

水如捲舌瘟疾磨折。
說是搬非眾人揆絕。

即青龍水
轉穴形但
彼吉此凶。

水龍經

卷三

金城吉�如龍遠富
貴家和好。

龍腹穴 ○

金城凶挨如蛇橫文
子各分爭。

○

乾坤艮巽為四門一風
吹入一家貧。

水路生叉家業
波查。

水中有地葫蘆形、
毒藥主傷人。

武官旗水交劍
長流。

前兆後抱穴居中兒孫
黃甲位三公。

屈曲盤旋。富貴綿綿。

庶曲如弓。義門和順，
富貴聲名奕世隆盛。

朱雀破頭。
事事憂愁。

火入金名帶劍城砂水兩相刑。

葬後兒孫終不顯邊遠去充軍。

又云先發財後大凶。

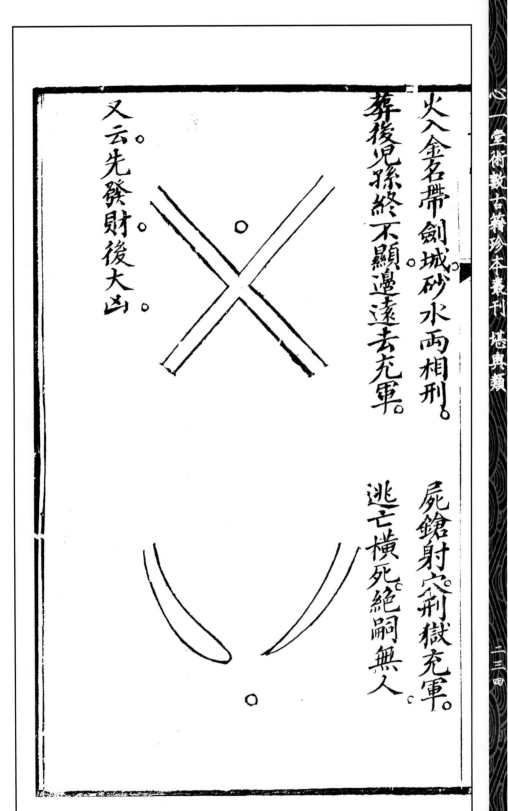

屍鎗射穴荊獄充軍。

逃亡橫死絕嗣無人。

右邊若見一义水。
此地窮無比。

左邊若見水一义
孤男寡婦出其家。

有一邊。無一邊衣食
安然不久延。

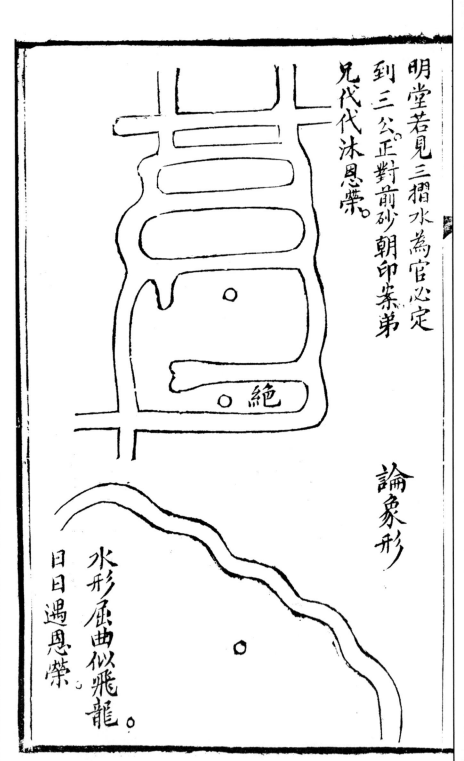

明堂若見三摺水為官必定

到三公正對前砂朝印案弟

兄代代沐恩榮。

論象形

水形屈曲似飛龍。

日日遇恩榮。

絶

来勢曲如龍。

富貴永無窮。

曲水如龍至金鈎元又元有人扞此
地。及第必爭先。

飛龍之水腹中求。

子孫去拜鳳池頭。

屈曲如龍首尾朝迎。

腹中作穴封拜功名

仝上

金蛇勢難識下後大官出

又名笑天龍

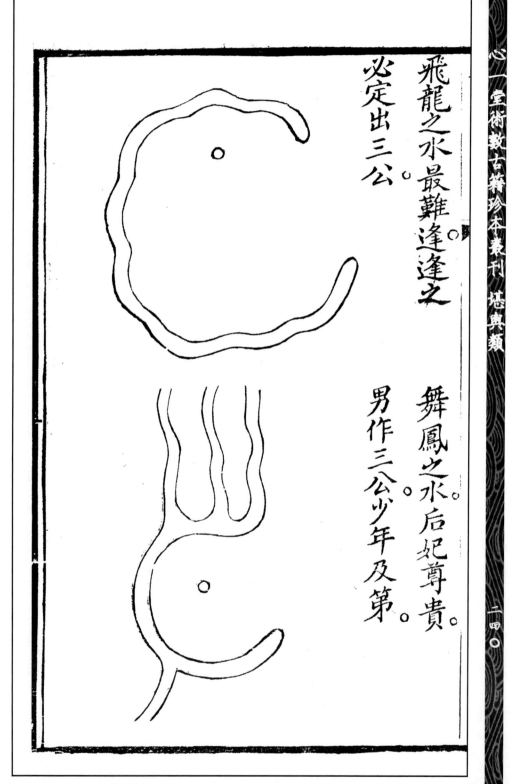

飛龍之水最難逢逢之

必定出三公。

舞鳳之水后妃尊貴。

男作三公少年及第。

二龍相會號雌雄富貴出三公

水朝曲去又纏身家內出豪英。
更有路朝生旺地官顯左朝廷。

路

水

逆龍二水後交臨砂水分明是合襟寬抱灣環如玉帶。

綿綿富貴作公卿。

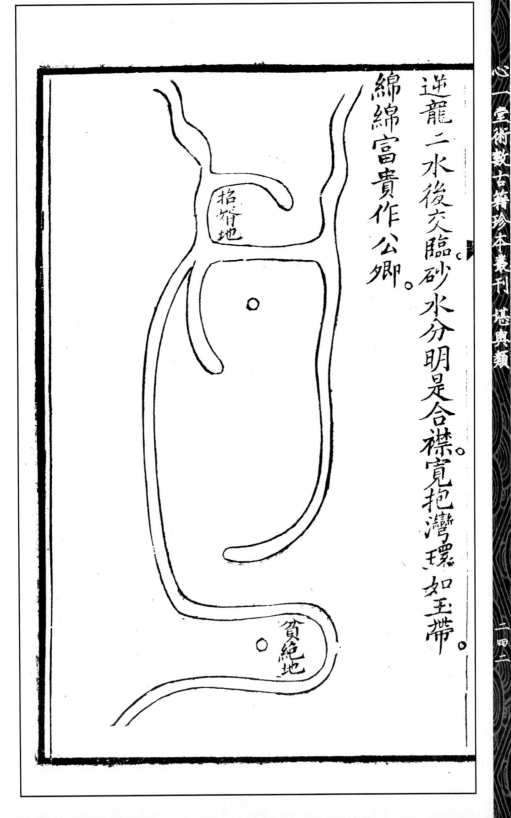

招賢地

貧絕地

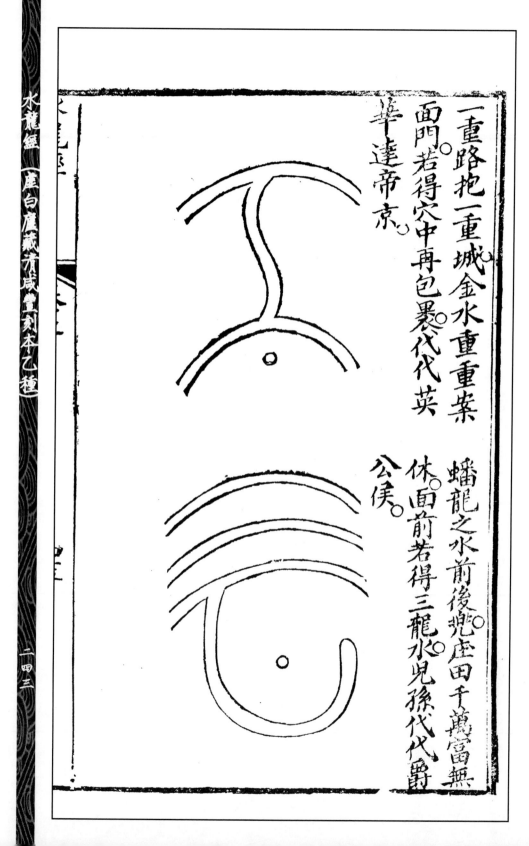

一重路抱一重城金水重重案
面門若得穴中再包裹代代英
華達帝京。

蟠龍之水前後兜座田千萬富無
休。面前若得三龍水兒孫代代爵
公侯。

蟠龍之水後頭嶧代代
作公侯。

左轉金勾形。富貴旺
人丁。

右轉金勾形富貴有
聲名。

水似玉勾。官為知州。

乘藤之水節節有情若能
扦此富貴聲名。

左轉金勾貴而
無敵。

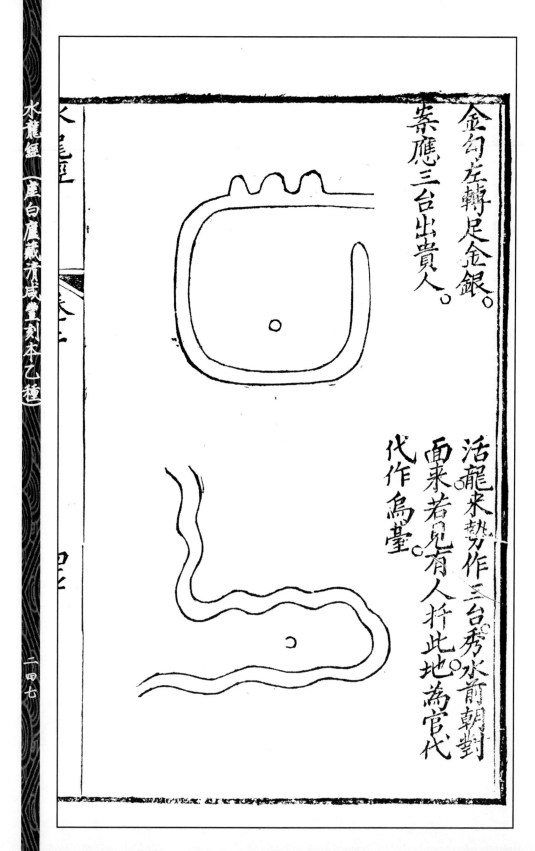

金勾左轉足金銀。

案應三台出貴人。

活龍求勢作三台秀水前朝對

更來若見有人扦此地為官代

代作烏臺。

乙字水映身家出
大朝臣。

仝

之字合襟之字流知州
知府出無休。

瑤池

莊圖扦上名
○曰瑤池今
依別本校正

十字水來墳。兒孫手藝
人雖然溫飽有成敗定出
娼優賤且淫。

十字水流後緊前廿字井字
○總一般此為市井人多住若
是一家不可安

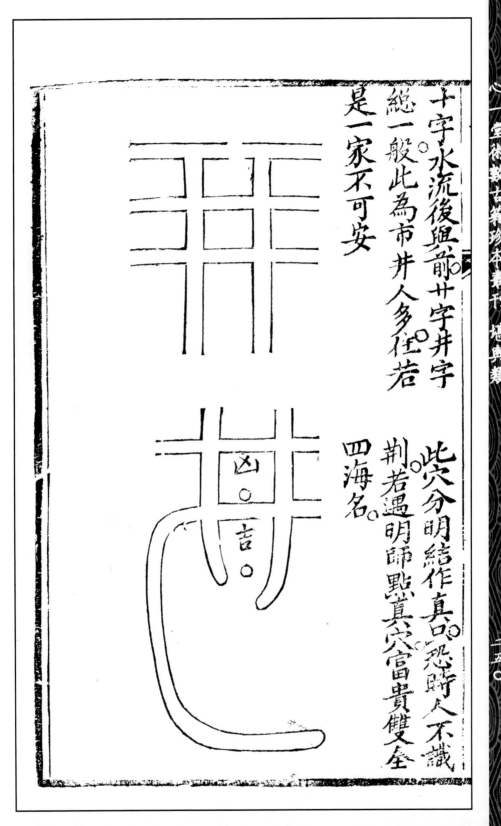

凶。言。

此穴分明結作真口。恐時人不識
荆若遇明師點其穴富貴雙全
四海名。

三十年前走道途不曾下得

仰天湖若也有人扦此地兜

孫承紫達皇都。

同上

仙人伸足形定出及第人。

水形如曲尺匠作少衣食。

雙龍格

左右雙龍入穴来。
兄弟高名達帝臺。

雌雄並出水同流去了又回頭。
兄弟一門皆及第代代位公侯。

二水會龍須出貴兒孫
定折月中枝。

葬龍腹案龍腸土宿加臨貴復昌
葬龍尾柴龍足歌舞燈前主巫祝。

尾。
腹。
腸。

雌雄相喜。天地交通。
陰陽得位定出三公。

雌雄交慶穴聚天心。
安邦定國四海知名。

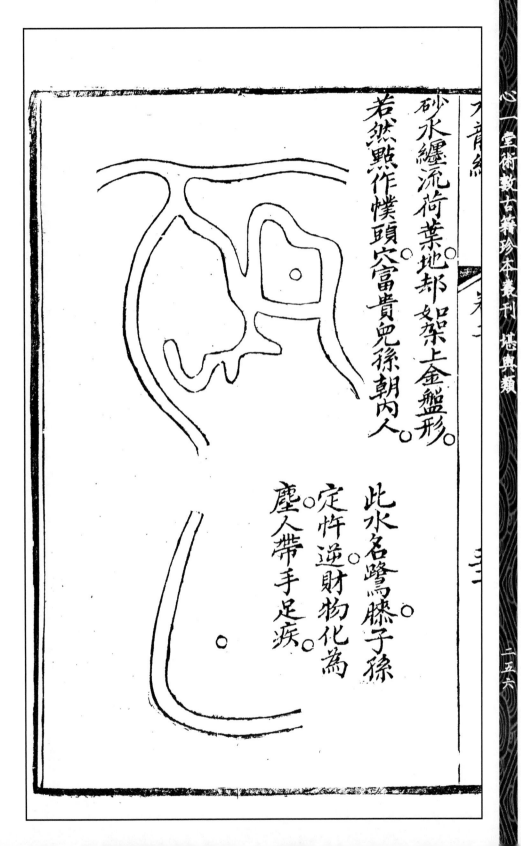

砂水纏流荷葉地却又架上金盤形。

若然點作幞頭穴富貴兒孫朝內人。

此水名鷺鶿滕子孫
定忤逆財物化為
塵人帶手足疾

幞頭地靴笏水子孫。
及第作翰史。

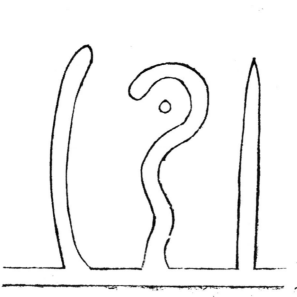

右水似筆頭小子貴無休。
左水似笏主長房中元魁。

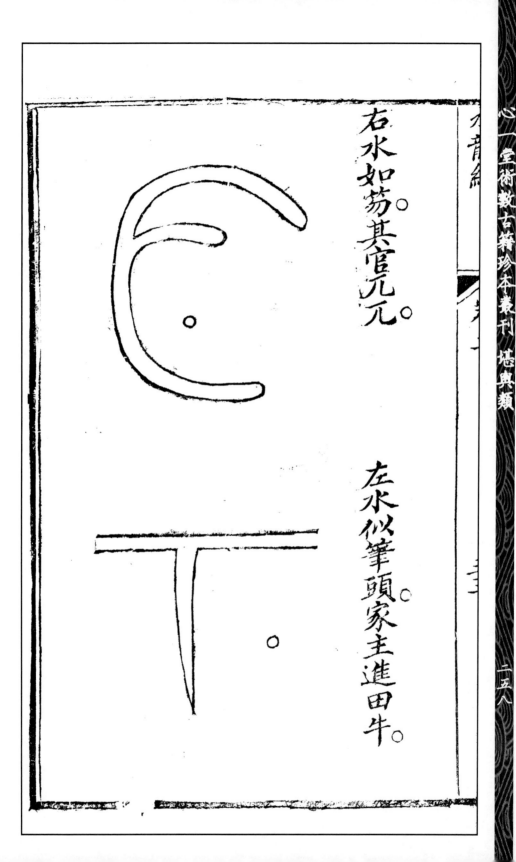

右水如笏。其官元元。

左水似筆頭家主進田牛。

二水合門前家富
出名賢。

二龍相會應門前。
子嗣去朝天。

右邊二水抱家內
足金寶。

二水後頭挖代代
入皇州。

二龍水後蔭富貴
永無休。

二龍相會後頭蔭墳宅扦之永不憂
男女不耕金鼓富兒孫早到鳳池頭

三水團龍勢葬出公

卿士。

迢迢四水入朝堂直沖直射不相當。

若還屈曲水回頭貴上金堦衆萬舍。

其地一軒二三十乾乃吉地小不宜。

二水右邊出。

仵逆人多疾。

仝上

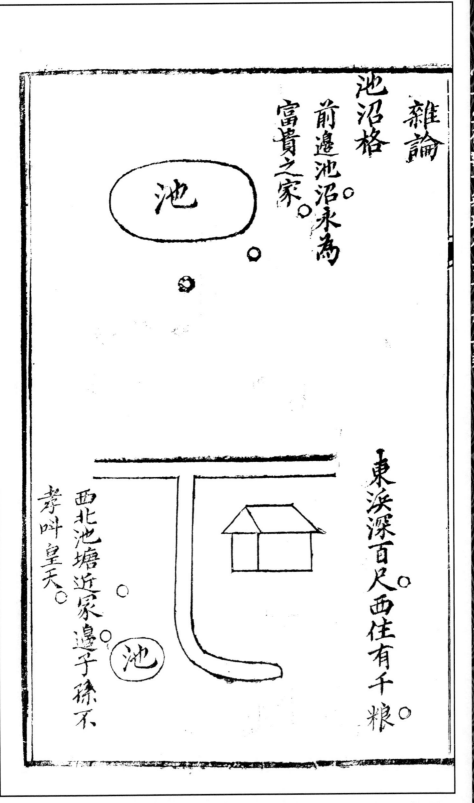

雜論

池沼格

前邊池沼永為
富貴之家。

東�深百尺西住有千粮。

西北池塘近家邊子孫不
孝呌皇天。

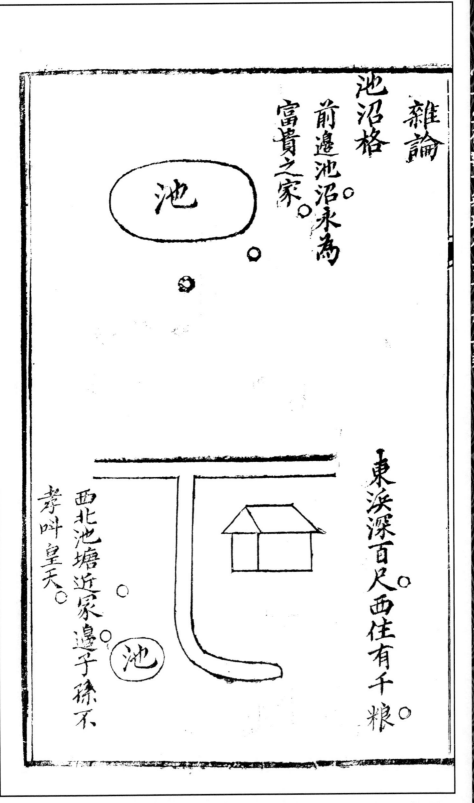
池

池

宅後有塘亦是
人財之地。

塘

右邊池水應門前抱穴
富庄田。

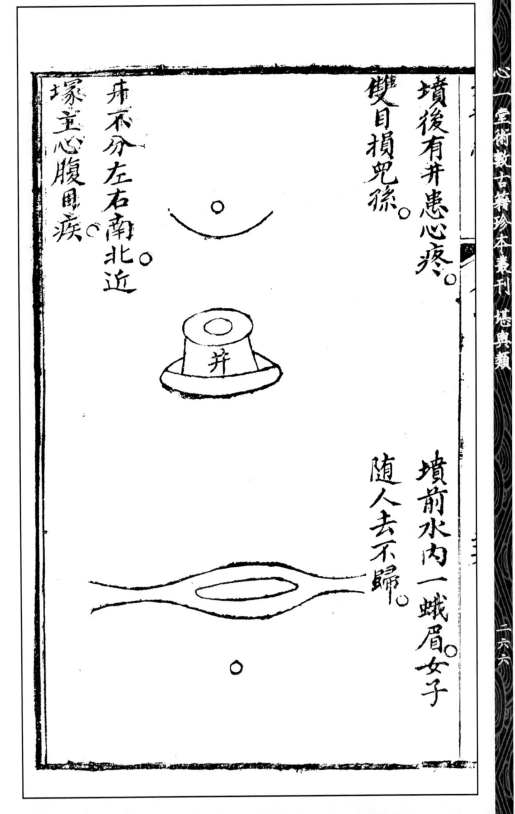

墳後有井患心疼。

雙目損兒孫。

卉不分左右南北近

塚主心腹風疾

墳前水內一蛾眉女子

隨人去不歸。

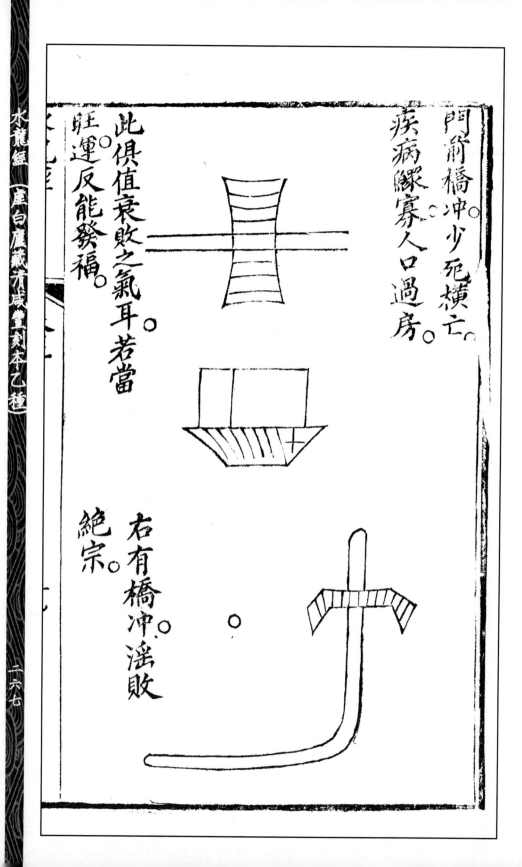

門前橋冲少死橫亡。疾病縲縶寡人口過房。

此俱值衰敗之氣耳若當旺運反能發福。

右有橋冲淫敗絕宗。

前有橫溝足疾難瘳。

朱雀一堆地此穴樂安然更有後

河兜富貴豈寧閒

地高

前水如木杓媳婦
抱公腳。

山地形同。

鵝公頸鴨公頭女
兒媳婦上秦樓